篮球

全民健身项目指导用书

刘大铎 朱明 ◎ 主编

吉林出版集团股份有限公司　全国百佳图书出版单位

图书在版编目（CIP）数据

篮球 / 刘大铎, 朱明主编. -- 2版. -- 长春：吉林出版集团股份有限公司, 2010.2(2024.8重印)
全民健身项目指导用书
ISBN 978-7-5463-2371-8

Ⅰ.①篮… Ⅱ.①刘… ②朱… Ⅲ.①篮球运动－基本知识 Ⅳ.①G841

中国版本图书馆 CIP 数据核字(2010)第 028520 号

全民健身项目指导用书

篮　球
LANQIU

主　编	刘大铎　朱　明
责任编辑	李婷婷
封面设计	吕宜昌
开　本	650mm×960mm　1/16
印　张	8
字　数	60 千
版　次	2010 年 2 月第 2 版
印　次	2024 年 8 月第 4 次印刷
出版发行	吉林出版集团股份有限公司
地　址	吉林省长春市福祉大路 5788 号
邮　编	130000
电　话	0431-81629968
电子邮箱	11915286@qq.com
印　刷	三河市金兆印刷装订有限公司
书　号	ISBN 978-7-5463-2371-8　定　价　39.80元

版权所有　翻印必究
如有印装质量问题，请寄本社退换

序言

自1995年我国政府推出《全民健身计划纲要》以来，我国群众性体育活动蓬勃发展，取得了显著的成绩。2008年，举世瞩目的北京奥运会的成功举办，极大地激发了亿万人民群众的体育热情，增强了全社会的体育意识，营造了浓厚的全民健身氛围。面对这样的可喜局面，群众体育科研、教学工作者应义不容辞地为社会实践服务，从不同角度思考，如何使普通百姓通过简而易行的身体锻炼方式、方法和手段达到良好的健身效果，达到拥有健康的目标，从而享受生活、享受快乐人生。该书系就是在这样的思想指导下诞生的。

本书系能够顺应国家体育的大政方针，掌握时代脉搏，对指导大众健身，使大众掌握健身方法和手段有很好的促进作用。

本书系图文并茂，实用性强，分为球类运动、体操健身运动、传统武术、冰雪运动、水上运动、体育舞蹈、休闲运动、格斗运动、民间体育活动和极限运动等十大类项目，计100分册，按照统一的体例，力争有所创新。每册的具体内容为该项目的起源与发展、运动保健、基本技术、运动技巧、比赛规则等,使读者在学习过程中,不仅能够学会运动健身的方法,同时还能够学到保健方面的基本知识。

经国务院批准,自 2009 年起,将每年的 8 月 8 日定为"全民健身日"。《全民健身项目指导用书》的出版,必将为开展全民健身活动起到积极的推动和指导作用。

目录 CONTENTS

第一章 概述
第一节 起源与发展/002
第二节 场地、器材和装备/004

第三章 基本技术
第一节 移动技术/034
第二节 传接球技术/053
第三节 投篮技术/068
第四节 运球技术/082
第五节 持球突破技术/088
第六节 攻击性防守技术/093
第七节 抢篮板球技术/101

第二章 运动保健
第一节 自我身体评价/014
第二节 运动价值/018
第三节 运动保护/023

目录 CONTENTS

第四章 基本战术
第一节　进攻战术基础配合/108
第二节　防守战术基础配合/110

第五章 基本规则
第一节　比赛方法/116
第二节　裁判方法/117

第一章 概述

　　篮球运动是一项具有集体性和综合性的体育项目。它自19世纪末产生以来,在短短百余年间便迅速得到推广普及,并深受世界各国人民的喜爱。

第一节 起源与发展

篮球运动起源于 19 世纪末的美国，在 20 世纪上半叶迅速在其他国家和地区获得了广泛的推广和传播。

概述

 起源

现代篮球运动起源于 1891 年美国东部的马萨诸塞州，由当时的基督教青年会国际训练学校（后为春田学院）的体育教师詹姆士·奈史密斯所创。奈史密斯从当地儿童喜欢用球投向桃篮的游戏中得到启发，创造出一种投篮游戏。最早人们称篮球为"奈史密斯球"，后又称其"筐球"。最后，人们根据活动的内容是向桃篮中投球，形象地命名其为"篮球"。

起初，奈史密斯将两只桃篮分别钉在健身房内看台的栏杆上，桃篮上沿距离地面 3.04 米，用足球作比赛工具，向桃篮投掷，投球入篮得 1 分，按得分多少决定胜负。每次投球进篮后，人们要爬梯子将球取出再重新开始比赛。后来，随着游戏的改进，人们又将桃篮改为活底的铁篮，再改为铁圈下面挂网。直到 1893 年，才逐渐形成了近似现代的篮板、球篮和篮网。

早期的篮球比赛，对上场人数、场地大小和比赛时间均无严格限制，只需双方参加比赛的人数相等。比赛开始，双方队员分别站在两端线外，裁判员鸣哨并将球掷向球场中间，双方跑向场内抢球，开始比赛。持球者可以抱着球跑向篮下投篮，首先达到预定分数者为胜。

1892 年，奈史密斯制定了 13 条比赛规则，上场比赛人数也逐步缩减。到 1893 年，规定为每队上场 5 人。

 发展

由奈史密斯创建的篮球运动很快在世界各地传播开来。随着技术的进步、规则的完善，以及国际赛事的举办，篮球运动逐步走上规范化

道路,并成为全民健身运动的有机组成部分。

传播

1908年,美国制定了全国统一的篮球规则,并印有多种文字出版,在世界范围内发行。篮球运动由此逐渐传遍美洲、欧洲和亚洲,成为世界性运动项目。

1904年,美国青年会男子篮球队在第3届奥运会上进行了表演赛。此后,篮球运动逐步在全世界开展起来。

1932年6月18日,在瑞士日内瓦成立了国际篮球联合会。

1936年,在第11届奥运会上,男子篮球被列为正式比赛项目。

1950年和1953年,国际篮球联合会分别举行了首届世界男子篮球和女子篮球锦标赛。

1976年,第21届奥运会增加了女子篮球比赛项目。

机构与赛事

机构

国际篮球联合会(FIBA)简称国际篮联,现有213个会员,分属非洲、亚洲、美洲、欧洲和大洋洲5个大洲篮球联合会。

中国篮球协会于1936年加入国际篮球联合会,于1958年退出,于1974年恢复在国际篮球联合会的会员资格。

赛事

(1)奥运会篮球赛,每4年1届;

(2)世界篮球锦标赛,每4年1届;

(3)世界青年篮球锦标赛,每2年1届;

(4)各大洲篮球锦标赛,每2年1届;

(5)各地区职业篮球联赛,如美国的NBA、中国的CBA等。

发展趋势

国内趋势

篮球运动属于集体性运动,不仅可以强身健体,还能够加强团队

合作精神,是老少皆宜的体育运动项目。

随着我国经济的持续发展,人们的生活水平不断提高,健康已经成为人们追求高质量、高品质生活所最关心的问题。尤其是在《全民健身计划纲要》实施以来,全民健身运动在全国范围内蓬勃发展,具有中国特色的全民健身体系的框架已经初步形成,越来越多的人重视并参与到健身运动中来。篮球以其独特的魅力,已经发展成为全民健身运动不可缺少的重要组成部分。

另外,中国职业篮球运动的发展很迅速,已经有越来越多的中国篮球队员加入到国外高水平的职业篮球俱乐部,技、战术水平在很大程度上得到了提高,其中最为人们熟知的名字当属姚明。2002年,休斯敦火箭队顺利签约篮球中锋姚明,姚明成为NBA联盟历史上第一个在首轮就被选中的外国球员。此后,他以高超的球技,很快在强手如林的NBA联盟中占有一席之地,成为无数中国人的骄傲。在2008年第29届北京奥运会上,姚明更是带领中国男子篮球队打进八强,取得佳绩。

国外趋势

随着世界篮球职业化发展的深入,篮球运动跨入了一个崭新的时代。当代篮球运动的整体内容和优秀队伍的综合实力均发生了质的飞跃。今后的发展趋势将继续向着高、快、全、准、变以及技术、战术运用精练化、技艺化和智谋化的方向发展。

第二节 场地、器材和装备

篮球运动对场地、器材和装备都有一定的要求,高质量的场地是运动顺利开展的前提条件,而良好的器材和装备则是练习者发挥较高技术水平的必要保证。

场地

篮球场地是开展篮球运动的必备条件，下面主要介绍篮球场地的规格、设施及要求。

规 格　见图1-2-1

（1）场地从边界线内侧量起，长28米，宽15米；

（2）边界线包括两条底线（较短边）和两条边线（较长边），所有的障碍物应距离边线至少2米；

（3）中线是经过2条边线中点、与底线平行的线段，中线两端突出边线0.15厘米；

（4）中圈位于球场的正中，圆心至圆环外边缘长度为1.8米，如果中圈内部涂色，则应与限制区颜色一致；

（5）罚球线应与底线平行，距离底线内边最远5.8米，长度为3.6米，罚球线中点应与两条边线的中点在同一直线上；

（6）限制区是从罚球线两端画两条线至距离端线中点各3米的地方（均从外沿量起）所构成的地面区域，如果在限制区内部着色，应必须与中圈内部的颜色相同；

（7）罚球区是限制区加上以罚球线中点为圆心，以1.8米为半径，向限制区外所画出的半圆区域，在限制区内的半圆要画成虚线。

图 1-2-1

设施

 见图 1-2-2

篮架一般用金属制成,包括篮板高度为 3.95 米,有固定和移动两种。

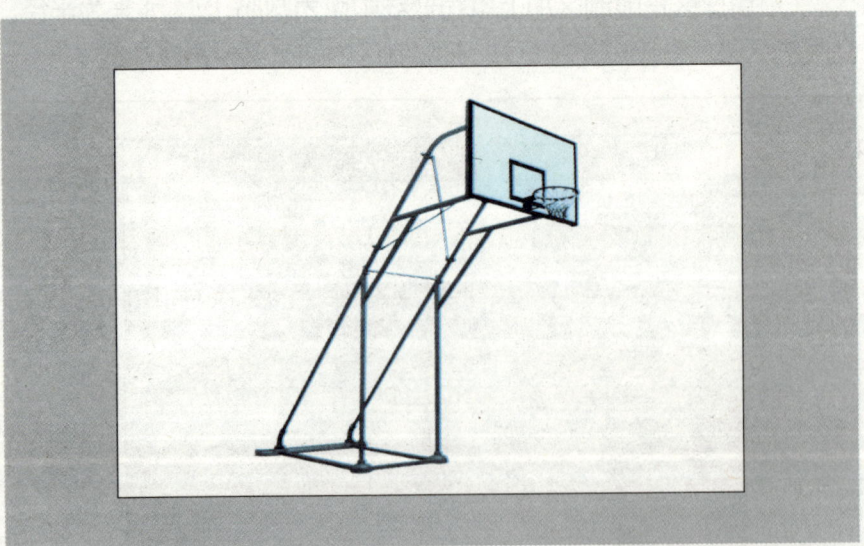

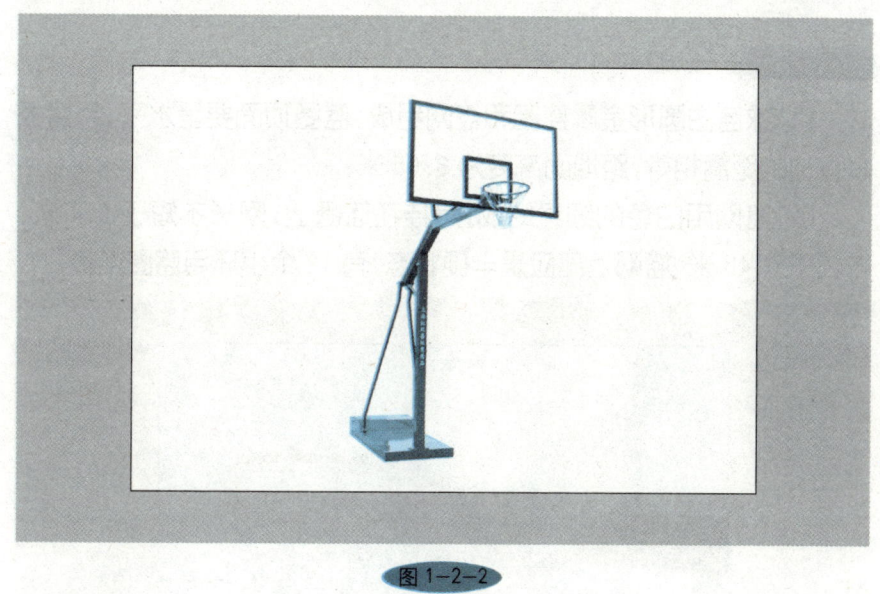

图 1-2-2

 见图 1-2-3

篮板一般用 0.03 米厚的坚硬木料或适宜的透明材料制成,宽 1.8 米,高 1.05 米,篮板下沿距地面 2.9 米。

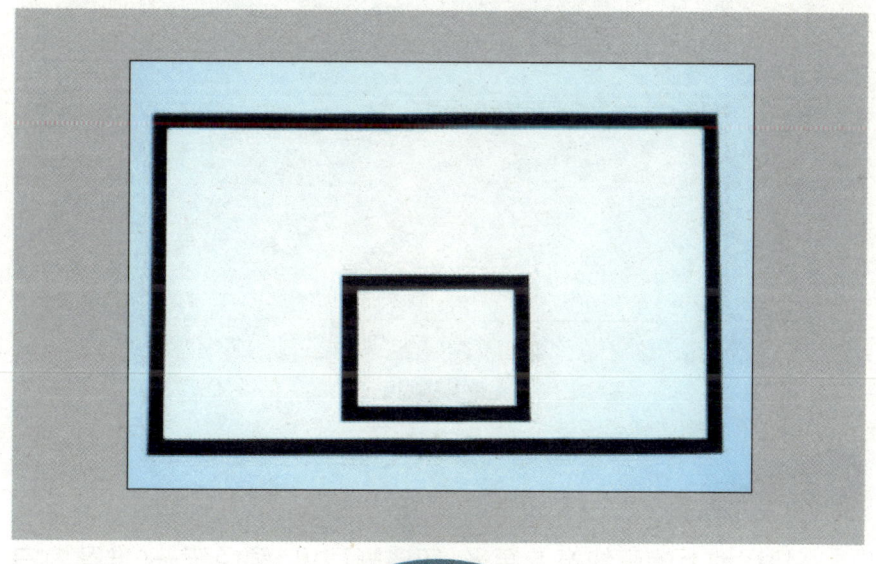

图 1-2-3

球篮 见图1-2-4

（1）球篮由圆形金属篮圈和篮网组成，篮圈顶面要呈水平，与篮板垂直边的距离相等，距地面高度为3.05米；

（2）篮网用白色的细绳结成，悬挂在篮圈上，网长不短于0.4米，不长于0.45米，篮网上部应是半硬状态，有12个小环与篮圈连接。

图1-2-4

要求

（1）场地上的画线宽5厘米，应清晰可见，颜色统一（推荐为白色）；

（2）天花板或最低障碍物的高度至少为 7 米；

（3）场地照明要均匀，光度要充足，灯光设备的安置不得妨碍队员的视觉。

 **器材**

进行篮球运动的必备器材就是篮球，良好的器材是篮球运动开展的重要保障。

 规格   见图 1-2-5

（1）篮球呈标准的圆球体；

（2）球重不得少于 567 克，不得多于 650 克，圆周不得小于 0.749 米，不得大于 0.78 米；

（3）球内气压的程度，从球底部量起约 1.8 米的高度落到场地上，其反弹高度从球的顶部量起不低于 1.2 米，也不高于 1.4 米。

图 1-2-5

 **材质**

篮球的球面一般由 8 片皮质、橡胶或合成物质等材料制成，接缝或槽的宽度不得超过 6.35 毫米。

 **装备**

篮球运动并不需要特别专业的装备，但舒适、得体的装备能更有效地预防运动损伤的发生。

 见图1-2-6

篮球服装一般以背心、短裤为主,以采用吸汗效果好的纯棉质材料为宜。在正规比赛中,对全队的服装都有严格的要求;而在平时运动时,服装简单、舒适即可。

图1-2-6

 见图1-2-7

篮球运动中有不断地起动、急停、起跳和迅速移动等动作,因此球鞋需要有较好的耐久性、支撑性、稳定性,以及良好的减震作用。另外,个人的打球风格也是很重要的参考因素,参与者可以据此选择自己所需的不同类型的篮球鞋。

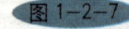

图1-2-7

 护具　见图 1-2-8

护具包括护腕、护膝和护肘等。护具的选择比较自由,参与者可以根据个人的习惯和喜好而定。

图 1-2-8

第二章 运动保健

体育运动对增强体质、预防疾病和促进健康具有良好的作用。但是,并非所有人从事相同的运动都会达到同样的效果。对于同一种运动负荷,不同人机体的反应差异是很大的,即使同一个体,在不同时期、不同机能状态下,对同一负荷的反应及效果也是不一样的。因此,对于不同个体,应制定适合其机能需要的运动强度、时间、频率和持续周期。从事体育锻炼一定要讲究科学性,使机体最大限度地获得运动价值,使某些疾病得到有效的防治。

第一节 自我身体评价

自我身体评价是指根据个体的不同情况以及简单的功能评定标准，对锻炼者进行身体评价，并以此为依据，确定具体的锻炼内容。

适宜人群

体适能是全身适应性的一部分，是人体精神和体力对现代生活的适应能力。为了促进健康，预防疾病，提高生活质量和工作学习效率，几乎所有人都可以追求健康体适能，而且经过简单的评价和测试，均可以成为目标人群，即适宜人群。

健康体适能评价标准

健康体适能是指身体有足够的活力和精力处理日常事务，而不会感到过度疲劳，并且还有足够的精力去享受休闲活动和应对突发事件。

健康体适能是确定锻炼者是否为运动适宜人群的主要依据。目前的评价标准主要包括国民体质测定标准、学生体质测定标准和普通人群体育锻炼标准等。

国民体质测定标准主要包括形态指标、机能指标和素质指标3个部分，各项指标的测定结果均为1～5分，共5个级别。凡各项指标达不到4分或5分者，均应被纳入健身人群。

学生体质测定标准分为优秀、良好、及格和不及格4个级别。优秀水平以下者，均应被纳入健身人群。

普通人群体育锻炼标准分为5个级别，凡达不到4分或5分者，均应被纳入健身人群。

简易运动功能评定

简易运动功能评定的目的在于确定锻炼者有无运动禁忌症或临时运动禁忌的情况,即是否适合参加体育锻炼,以达到防备万一、避免意外事故发生的目的。目前通行的方式为3分钟踏台阶测试。

目的

测试锻炼者运动后心率恢复的情况,以评估其心肺功能。

器材　见图 2-1-1

30 厘米高的长凳、节拍器、秒表和时钟。

图 2-1-1

步骤　见表 2-1-1

(1)节拍器设定为每分钟 96 次,锻炼者依"上上下下"的节拍运动 3 分钟。

(2)锻炼者完成 3 分钟踏台阶后,5 秒钟内开始测量其脉搏,时间为 1 分钟,记录其心率,并依据下表评价其功能水平。

(3)运动后心率越低,证明其心肺功能越好。在运动强度允许的范围内,锻炼者可选择运动强度的较高值来进行运动。

表 2-1-1　3分钟踏台阶测试评价表

	年龄(岁)	欠佳(次)	尚可(次)	一般(次)	良好(次)	优异(次)
男士	18~25	>115	105~114	98~104	89~97	<88
	26~35	>117	107~116	98~106	89~97	<88
	36~45	>119	112~118	103~111	95~102	<94
	46~55	>122	116~121	104~115	97~103	<96
	56~65	>119	112~118	102~111	98~101	<97
	65+	>120	114~119	103~113	96~102	<95
女士	18~25	>125	117~124	107~116	98~106	<97
	26~35	>128	119~127	111~118	98~110	<97
	36~45	>128	118~127	110~117	102~109	<101
	46~55	>127	121~126	114~120	103~113	<102
	56~65	>128	118~127	112~117	104~111	<103
	65+	>128	122~127	115~121	101~114	<100

注意事项

如锻炼者经过努力仍无法达标，或出现头晕、胸闷、出冷汗等症状，应立即终止测试。运动中应特别考虑运动强度，以防止出现意外。

锻炼目标应根据锻炼者不同的身体状况来确定，可分为近期目标和远期目标。此外，确定锻炼目标还应结合锻炼者的运动意向、愿望、兴趣，以及本人的健康状况、疾病程度等因素来进行。

近期目标是指锻炼者近期应达到的目标。在进行运动之前，应首先明确锻炼目标，即近期目标。选择一两个健康体适能构成要素，作为未来两个月内努力完成的目标，而且应从成功概率较高的构成要素开始，并将预期两个月后要达到的目标做上记号，如提高某个或某些关节的活动幅度，增强某个肌肉群的力量等。

远期目标是指锻炼者最终要达到的目标。实践证明，经过科学合理的锻炼后，锻炼者是可以达到一般的远期目标的，如提高心肺功能，使其达到优秀的等级，或达到降血脂、防治高血压和冠心病的目的等。

运动负荷即运动量。怎样控制运动量，合适的运动时间是多少等，一直是人们争论不休的问题。但有一点是可以肯定的，那就是任何有关身体活动的意见和建议，都需要综合考虑锻炼者的身体状况和所要达到的目标，并以此为依据来制订科学的身体锻炼计划。

运动强度

在运动过程中,运动强度过小,则无法达到锻炼的效果;运动强度过大,不仅达不到最佳的锻炼效果,还可能产生一些副作用,甚至出现意外事故。确定运动强度有两种方法,即心率简易推测法和主观感觉疲劳分级表推测法。

心率简易推测法

(1)年龄在 20 岁左右的年轻人,身体健康,能坚持体育锻炼,欲进一步提高身体机能,可取最大心率值(最大心率值=220-年龄)的 65%～85%。

(2)年龄在 45 岁以下,身体基本健康,有运动习惯者,开始进行健身锻炼,可取最大心率值的 65%～80%,没有运动习惯者,开始进行健身锻炼,可取最大心率值的 60%～75%。

(3)年龄在 45 岁以上,身体基本健康,有运动习惯者,开始进行健身锻炼,可取最大心率值的 60%～75%,没有运动习惯者,建议根据自身情况咨询专业人员来指导和确定运动强度。

主观感觉疲劳分级表推测法 见表 2-1-2

运动的疲劳程度大致分为 10 级,具体为:0～1 级,没感觉;2～3 级,尚轻松;4～5 级,稍累;6～7 级,累;8～9 级,很累;10 级,精疲力竭。因此,健身锻炼的运动强度应控制在主观感觉疲劳程度的 4～7 级。

表 2-1-2 主观感觉疲劳分级表

0 没感觉	1	2 尚轻松	3	4 稍累	5	6 累	7	8 很累	9	10 精疲力竭

 **运动频率**

运动频率是指每日及每周锻炼的次数。一般每周锻炼 3~4 次,即隔日锻炼 1 次即可。有充足的休息时间,可使机体得到充分的休息,收到更好的锻炼效果。

 运动持续时间

运动强度和运动持续时间,决定了一次锻炼的运动量和热量消耗。运动持续时间与运动强度成反比,运动强度大,运动持续时间可相应缩短,运动强度小,则运动持续时间应相应延长。

一般的健身锻炼,运动持续时间以每天 20~60 分钟为宜,其中包括准备活动时间、健身锻炼时间和整理活动时间。每次健身锻炼应在 20 分钟以上,锻炼可一次性完成,也可分段进行,但每段的活动时间应在 10 分钟以上。

第二节 运动价值

运动价值是人们一直在探讨的问题。一般认为,运动具有两方面的价值,即健身价值和心理价值。身体和精神的健康是相互依存的,伴随着身体功能的改善,精神状况也能同时得到改善。

 **健身价值**

健身价值在于提高体适能。体适能包括心肺耐力素质、肌肉力量素质、柔韧性素质和身体成分等。体适能的发展是积极从事锻炼的结果,只有规律性的体育锻炼才能达到最佳的体适能。

提高心肺耐力素质

心肺耐力是指全身肌肉进行长时间运动的持久能力，是体内心肺系统对身体各细胞的供氧能力。人体的心脏、肺、血管、血液等组织的功能是心肺耐力的基础，它们与氧气和营养物质的输送以及代谢物的清除有关。健全的心肺功能是健康的基本保证。

系统的体育锻炼，可以使心肌增厚，收缩力加强，心室容积增大，从而使心脏的泵血功能增强，表现为心血输出量增加。

系统的体育锻炼，呼吸系统机能也将得到提高，表现为呼吸肌的力量增强，肺活量、肺通气量明显增加，保证对机体供氧的能力。

系统的体育锻炼，可以促进血管系统的形态、机能和调节能力产生良好的适应力，从而提高机体的工作能力。

系统的体育锻炼，可以使血液系统产生某些适应性变化，如血容量增加、血黏度下降、红细胞膜弹性增强和红细胞变形能力增强等。

 ## 提高肌肉力量素质

肌肉力量是指肌肉最大收缩产生的对抗阻力或负荷的能力。肌肉力量只有达到一定的程度，才能克服外界阻力，而克服外界阻力是维持日常生活自理、从事各种劳动和运动的必要前提。

系统的体育锻炼，可以提高肌肉的生理横断面积，可以改善神经系统对肌肉收缩的支配功能，还可以提高肌肉内代谢物质的储备量，使肌肉力量得到提高。

 ## 提高柔韧性素质

柔韧性是指人体各关节的活动幅度，即关节的肌肉、肌腱和韧带等软组织的伸展能力。柔韧性对于保证正常生活质量、维持正常体态、预防损伤发生和减轻损伤程度等方面均起到至关重要的作用。

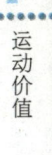

系统的体育锻炼，还可以延缓因年龄因素而导致的柔韧性下降，预防因缺乏运动而导致的关节结构、周围软组织和膝关节肌肉退化，从而使锻炼者的日常生活、劳动和运动等更加充满活力。

改善身体成分

身体成分是指人体体重中的脂肪组织和去脂组织的重量百分比。身体成分中的脂肪成分增加，肌肉成分必然下降。身体中不具备收缩功能的脂肪组织增加，必然导致身体进行各种活动的能力下降，基础代谢水平降低，肥胖症、冠心病、高血压、糖尿病、高血脂等慢性疾病发病率的提高。因此，身体成分是保证人体健康的重要内容之一。

通过系统的体育锻炼，随着锻炼者体质的增强，热量消耗便随之增加，进而燃烧掉体内多余的脂肪，使身体成分得到改善。而身体成分的改善，又可以减少体重对关节可能带来的不利影响，还可以使肥胖者的心理状况得到改善，增强其自信心，使其逐步建立起健康的生活方式。

心理价值

研究证明，有规律的体育锻炼不但可以使锻炼者增强体质、促进身体健康、预防一些慢性疾病，还可以提高锻炼者的生活满意度和生活质量，对其心理健康产生积极影响。

体育锻炼的心理健康效应主要表现在六个方面：

改善情绪状态

 短期效应

研究发现，体育锻炼对人的情绪状态具有显著的短期效应。运动后人们的焦虑、抑郁、紧张和心理紊乱等症状会明显减轻，而精力和愉快程度则明显增强。而且这种情绪的迅速变化，与锻炼者个体的健康状况、活动形式和活动强度等有着直接的联系。

 长期效应

体育锻炼对人情绪的长期效应有着直接的影响，与不锻炼者相比，有规律的锻炼者在较长时期内很少会产生焦虑、抑郁、紧张和心理紊乱等情绪。

完善个性行为特征

见表 2-2-1

人们的行为特征一般可以分为两种类型，用 A 型行为特征和 B 型行为特征来表示。A 型行为特征主要表现为性情急躁、争强好胜、容易激动、整天忙碌和做事效率高等。B 型行为特征主要表现为不好竞争、不易紧张、不赶时间、对人随和、喜欢自由自在等。具有 A 型行为特征的人由于过度紧张的情绪反应，会引起内分泌失调，增加心脏病发病的概率。目前的一些研究主要集中在体育锻炼对改变 A 型行为特征的作用方面。研究结果表明，有规律的体育锻炼能明显改变 A 型行为特征。

 表 2-2-1 A、B 型个性行为特征常见表现

A 型行为特征者常见表现	B 型行为特征者常见表现
约会从来不迟到	对约会很随便
竞争意识很强	竞争意识不强
别人要讲话时总爱抢先或插话	是别人讲话时很好的听众
总是匆匆忙忙	即使有压力也从不匆忙
等待时缺乏耐心	能够耐心等待
干事时全力以赴	处事漫不经心
同时想干很多事	在一段时间里只干一件事情
讲话喜欢用加强语气，甚至敲桌子	讲话语速缓慢、不慌不忙
做了好事希望能得到别人的认可	只要自己满意即可，不管别人怎样想
吃饭、走路都很快	做事情很慢
不善与人相处	为人随和
容易暴露自己的感情	能控制自己的感情
具有广泛的兴趣	没什么业余爱好
雄心壮志	满足于目前的工作和学习状况

确立良好自我概念

自我概念是指个体对自己身体、思想和情感的主观整体评价，它由许多自我认识组成，包括我是什么人、我主张什么和我喜欢什么等。

坚持体育锻炼，可以使锻炼者体格强健、精力充沛、提高驾驭身体的能力，从而改善对自身的满意程度，确立良好的自我概念。

改变睡眠模式

根据脑电图的显示，人的睡眠可以分为两种状态，即慢波睡眠状态和快波睡眠状态。前者为浅度睡眠状态，后者为深度睡眠状态。一夜之间两种睡眠状态会交替发生 4～5 次。

有规律的体育锻炼不仅对慢波睡眠有促进作用，而且能缩短入眠的潜伏期，并延长睡眠的时间。

改善认知能力

体育锻炼还能改善人的认知过程，避免反应时间过长、注意力不集中和思维混乱等症状的发生，尤其对老年人的认知能力改善效果更为明显。

增加心理治疗效应

体育锻炼被公认为是一种心理治疗的好方法。目前人群中常见的心理疾患是抑郁症和焦虑症。研究发现，体育锻炼是治疗抑郁症的有效手段之一，抑郁症患者经过有规律的体育锻炼，抑郁症状能明显减轻。

体育锻炼还具有治疗焦虑症的作用，通过有规律的体育锻炼，可以使锻炼者的焦虑症状明显改善。

第三节 运动保护

在运动过程中，人体机能会随时发生变化。因此，应针对这种机能变化的特点来进行体育锻炼，也就是我们所说的运动保护。运动保护一般包括运动前准备、运动后放松和自我养护三个方面。

运动前准备

准备活动是指在正式运动之前进行的有目的的身体练习。做好充分的准备活动，可以缩短机体进入最佳状态的时间，同时还可以预防运动损伤的发生，为机体发挥最大的工作效率做好功能上的准备。

准备活动的作用

提高中枢神经系统兴奋状态

（1）使大脑反应速度加快，参加活动的运动中枢神经相互协调。
（2）为正式运动时生理机能达到适宜程度提前做好准备。

提高机体代谢水平

（1）准备活动可以使锻炼者体温升高，降低肌肉黏滞性，使肌肉的伸展性、柔韧性和弹性增强，从而有效预防运动损伤的发生。
（2）准备活动可以增强体内代谢酶的活性，使物质代谢水平提高，以保证运动时有较充分的能量供应。

克服内脏器官生理惰性

（1）准备活动可以提高心血管系统和呼吸系统的机能水平，使肺通气量及心血输出量增加。
（2）可以使心肌和骨骼肌的毛细血管扩张，使其工作肌获得更多的氧，从而克服内脏器官的生理惰性，使之尽快达到最佳状态。

增加皮肤毛细血管血流量

准备活动可以使皮肤毛细血管的血流量增加，运动后毛细血管扩张，有利于散热，降低体温，有效防止开始正式活动时由于体温过高而影响运动能力。

准备活动要求

准备活动时间

（1）准备活动的时间可以根据运动项目的具体情况确定，一般以10～30分钟为宜。

（2）准备活动与正式运动的间隔时间，一般以不超过15分钟为宜，可以在做完准备活动后立刻进行正式运动。

准备活动强度

（1）准备活动的强度和量应较正式运动小，以免引起不必要的疲劳。

（2）准备活动的量可以由心率来决定，心率以100～120次／分为宜。

准备活动内容

一般性准备活动

一般性准备活动的内容多以伸展运动开始，然后进行一般性的跑步、徒手体操等活动。

下面介绍一套常用的一般性准备活动操，供锻炼者运动前使用。这套活动操主要包括头部运动、肩部运动、扩胸运动、体侧运动、体转运动、髋部运动和踢腿运动等。

图 2-3-1

头部运动

头部运动的动作方法（见图 2-3-1）：两手叉腰，两脚左右开立，做头部向前、向后、向左、向右，以及绕环运动。

肩部运动

肩部运动的动作方法（见图 2-3-2）：手扶肩部，屈臂向前、向后绕环，以及直臂绕环。

图 2-3-2

扩胸运动

扩胸运动的动作方法（见图 2-3-3）：屈臂向后振动及直臂向后振动。

体侧运动

体侧运动的动作方法（见图 2-3-4）：两脚左右开立，一手叉腰，另一臂上举，并随上体向对侧振动。

体转运动

体转运动的动作方法（见图 2-3-5）：两脚左右开立，两臂体前屈，身体向左、向右有节奏地扭转。

髋部运动

髋部运动的动作方法（见图 2-3-6）：两脚左右开立，两手叉腰，髋关节放松，向左、向右 360 度旋转。

图 2-3-3

踢腿运动

踢腿运动的动作方法（见图 2-3-7）：两臂上举后振，同时一腿向后半步，重心置于前腿，两臂下摆后振，同时向前上方踢腿。

图 2-3-4

图 2-3-5

图 2-3-6

图 2-3-7

专门性准备活动

专门性准备活动的动作方法、节奏和强度等与正式锻炼相似，目的是使人体主要肌群在运动前得到动员，为正式锻炼做好准备。

运动后放松

运动后放松是指运动之后所进行的一些能够加速机体功能恢复的、较轻松的身体活动。与运动前准备活动相反，其目的是使锻炼者的生理机能水平逐步得到恢复。

放松方法

运动性手段

（1）运动结束后，锻炼者可采用变换运动部位的方法来消除疲劳，如上肢出现疲劳时可做一些慢跑运动，下肢出现疲劳时可做一些上肢运动。

（2）转换运动类型也是一种不错的放松方法，如打羽毛球出现疲劳时，可从事瑜伽运动来达到放松的目的。

（3）还可以用调整运动强度的方法来缓解疲劳，如可以在放松过程中，采用小强度的轻微运动方法等。

整理活动   见图 2-3-8

（1）整理活动是指运动后所做的一些能够加速机体功能恢复的身体活动，如剧烈运动后进行 3～5 分钟慢跑或其他整理活动，使身体机能得以恢复。

（2）剧烈运动后如不做整理活动而骤然停止动作，会影响氧气的补充和静脉血的回流，使机体血压降低，引起不良反应。

运动保健

图 2-3-8

 注意事项

（1）在进行整理活动时动作应缓慢、放松，运动量不要过大，否则会引起新的疲劳。

（2）在进行整理活动时，应当保持心情舒畅、精神愉快。

锻炼后，锻炼者感觉身体疲劳是一种正常的生理现象，是体育锻炼过程中的正常反应，随着体育锻炼时间的延长，疲劳症状会自然消失。运动性疲劳出现后，锻炼者如果采用一些自我养护措施，可以加速身体机能的恢复，尽快消除疲劳，提高锻炼效果。常见的自我养护方法主要包括运动后休息、合理营养和物理手段等三种。

 运动后休息

静止性休息 见图 2-3-9

（1）静止性休息是指锻炼者运动后保持机体相对的静止状态，以促进身体机能的恢复，尽快消除疲劳。

（2）静止性休息的最佳方式之一是睡眠，特别是刚开始从事锻炼者，身体不适应或疲劳症状明显时，更应该保证足够的睡眠，否则，锻炼者虽然积极参加了体育锻炼，但收效甚微，甚至会导致过度疲劳症状的发生。

（3）静止性休息更适合于消除全身运动导致的整体疲劳症状。

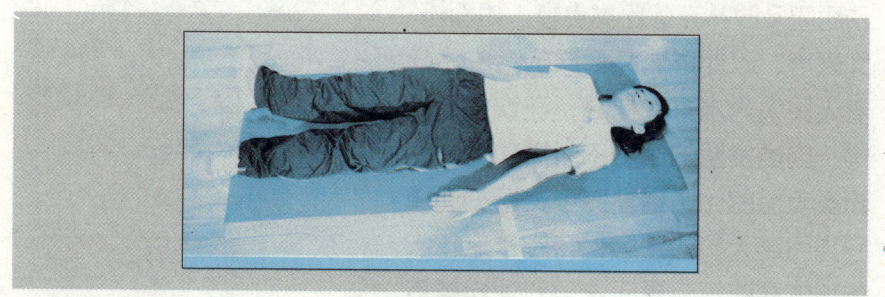

图 2-3-9

积极性休息　见图 2-3-10

（1）积极性休息更适合由于少量肌肉群参与工作而导致的局部疲劳，或运动强度较大而导致的快速疲劳。

（2）积极性休息可以加速血液循环，有利于代谢物排出体外，对促进身体机能的恢复具有明显的效果。

图 2-3-10

合理营养 见图2-3-11

小强度、长时间的运动形式，主要是靠糖原的有氧代谢提供能量。运动后应及时补充淀粉类食物，如面粉、大米等，以促进消耗糖原的合成。随着人民生活水平的提高，在饮食结构中，肉类食品的比重不断增加，而淀粉类食品的比重逐渐减少，这一现象应当引起人们的注意，特别是老年人参加体育锻炼，更应注意对淀粉类食物的补充。

图2-3-11

强度较大、时间又相对较长的运动形式，主要是靠糖原的无氧代谢提供能量。这样，糖原无氧代谢产物——乳酸便会在体内大量堆积。因此，运动后应多补充蔬菜、水果等碱性食品，以加速乳酸的清除，达到尽快消除疲劳的目的。

物理手段

按摩及牵拉 见图2-3-12

（1）通过刺激神经末梢、皮肤结缔组织和毛细血管的按摩方法，可以使紧张的肌肉得以放松，从而改善局部组织和全身的血液循环，达到促进身体机能恢复的目的，这种方法可以在锻炼后马上进行。

（2）此外，还可以采取缓慢牵拉肌肉的方法，使收缩的肌肉得到充分的伸展放松。

水疗及电疗

（1）水疗包括芬兰式蒸汽浴、热水浴和桑拿浴等多种形式，主要作用是通过提高体温，促进血液循环，清除代谢物，以达到尽快消除疲劳、恢复体力的目的。

（2）水疗的时间一般以不超过30分钟为宜，如果时间过长，会进一步消耗体力，严重时甚至会出现暂时性脑缺血现象。

（3）如果条件允许，还可对疲劳的肌肉进行低频治疗。低频治疗仪的原理是模拟针灸疗法，使用时将电极用不干胶对称地粘贴在运动部位表皮上。这种疗法可以促进局部血液循环，改善组织代谢，缓解肌肉酸痛，消除疲劳。

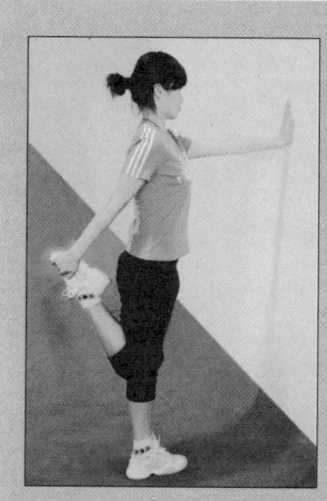

图 2-3-12

第三章 基本技术

篮球运动的基本技术动作是练习者必须掌握的最常用、最基础的动作。基本技术是篮球运动的重要组成部分,也是合理操控篮球的方法和手段。基本技术包括移动技术、传接球技术、投篮技术、运球技术、持球突破技术、攻击性防守技术和抢篮板球技术等。

第一节 移动技术

移动是指在篮球比赛中，队员为了改变位置、方向、速度和争球高度，而采用的各种脚步动作的统称。移动技术是队员在比赛中运用最多的技术，也是各项技战术的基础，包括准备姿势、起动、跑、急停、转身、滑步、后撤步、攻击步和跳等。

在起动、移动前所采用的合理的身体动作或姿势，称为准备姿势。

动作方法 见图3-1-1

（1）两脚左右（或前后）开立，两脚距离约与肩同宽；

（2）两膝弯曲，大腿和小腿之间约呈135度角，全脚掌着地；

（3）上体略向前倾，两臂屈肘，置于身体两侧，上体略向前倾，目视前方。

技术要点

（1）进攻时，屈膝开立，重心降低，上体前倾，注视场上形势，随时移动和接球；

（2）防守时，两脚开立，屈膝，重心在两腿中间，上体略前倾，双手置于体前，随时移动抢断球。

图3-1-1

错误纠正

练习时易出现身体重心偏高、两膝不够弯曲、在场上注意力不够集中等问题。因此，应多加练习，体会动作要领。

起动

在比赛中，起动多与跑动相结合运用，但有时为了抢占有利位置，也常用上步、撤步、跳起、转身等动作完成。

动作方法　见图3-1-2

（1）准备姿势站立，向前起动时以后脚的前脚掌，向侧起动时以异侧脚的前脚掌，短促有力地蹬地，同时上体迅速前倾或侧转，向跑动方向移动重心，手臂协调摆动，充分利用蹬地的反作用力，迅速向跑动方向迈出；

（2）起动后的前两三步，两脚的前脚掌要短促用力蹬地，并配合以快速的摆臂动作，在最短的时间内充分发挥速度。

技术要点

移重心，猛蹬地，快跨步，频率要快。

错误纠正

练习时易出现起动前身体重心偏高，两膝弯曲不够，不便于迅速蹬地等问题。因此，移动练习时，应强迫屈膝，降低重心，体会动作要领。

基本技术

图 3-1-2

跑

跑是篮球运动基本技术中最基础、最重要的动作,应用也最为广泛,包括变速跑、变向跑和侧身跑等。

变速跑

 见图 3-1-3

(1)在跑动中,加速时,上体略前倾,用前脚掌短促有力地蹬地,步频加快,同时用力摆臂;

(2)在跑动中,减速时,步幅适当加大,上体直起,前脚掌用力抵地来减缓向前的冲力,从而降低跑速。

(1)加速时,上体前倾,步频要加快,蹬跨要有力;

(2)减速时,上体略直起,步幅要加大,控制跑速;

(3)前脚掌用力蹬地,上体紧密配合。

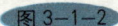

练习时易出现变速节奏不明显、脚掌蹬地不充分等问题。因此,应

注意加强变速节奏,加强下肢力量练习,体会动作要领。

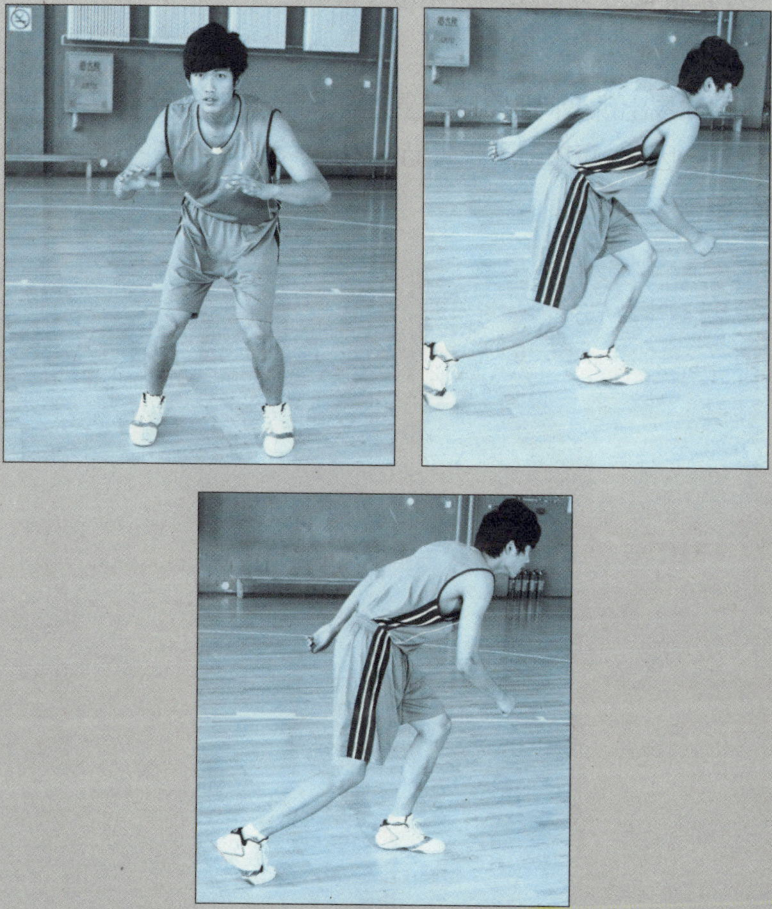

图 3-1-3

动作方法 见图 3-1-4

以从右向左变向跑为例:

(1)变向时,最后一步右脚前脚掌内侧用力蹬地,同时脚尖略内扣,迅速屈膝;

(2)腰部随之左转,上体向左前倾,重心左移,左脚向左前方跨出,然后加速前进。

**技术要点**

变方向的第一步向斜前方出步要快。

**错误纠正**

练习时易出现变向时脚尖和腰胯未同时改变方向,变方向后未加速等问题。因此,应加强腰胯关节的力量,多做变向跑的加速练习,体会动作要领。

图 3-1-4

**动作方法**　见图 3-1-5

(1)在跑动时,头部和上体转向内侧面或有球的一侧,脚尖朝着跑

动方向;

(2)既要保持奔跑速度,又要保持身体平衡,双手置于体前,注意密切观察场上情况,时刻准备接球。

✤ 技术要点

上体自然侧转,脚尖朝前。

✤ 错误纠正

练习时易出现侧身跑时上体转体不够、动作不协调、转身时腰胯用力不够等问题。因此,应增强髋关节的灵活性,加强腿部肌肉的力量。

图 3-1-5

急停是指队员在跑动过程中与接球技术相结合运用,呈面向对方姿势,或在徒手跑动时用于摆脱对方的方法,包括跨步急停和跳步急停等。

✤ 动作方法　见图 3-1-6

(1)急停时,先向前跨出一大步,脚跟先着地,并迅速过渡到全脚,

抵住地面,降低重心,身体略前倾;

(2)第二步落地的同时,两膝深屈并内扣,身体略侧转,两脚尖自然转向前方,前脚掌内侧用力抵住地面,制动向前的冲力,上体略后仰,两臂屈肘自然张开,上体迅速自然前倾,帮助控制身体平衡。

技术要点

(1)第一步要用脚外侧着地,腿略屈;

(2)第二步落地时用前脚掌内侧蹬地制动前冲速度,屈膝降低重心,腰胯用力。

错误纠正

练习时易出现身体重心过高、上体后坐等问题。因此,应加强腿部肌肉的力量,在一定高度下做移动练习,强迫屈膝,降低重心。

图 3-1-6

跳步急停

动作方法 见图 3-1-7

（1）在跑动中，用单脚或两脚起跳，使两脚略有腾空；

（2）两脚平行或前后落地（略宽于肩），形成进攻准备姿势。

技术要点

（1）落地时，动作轻盈，身体在空中略有侧转，以缓和前冲速度；

（2）落地后，迅速降低重心，保持身体平衡。

错误纠正

练习时易出现急停前重心没有后移、或重心下降不够、跳得过高、两脚开立过大或过小等问题。因此，应多做练习，控制起跳高度，保持身体平衡。

图 3-1-7

 转身

转身是指队员以一只脚做中枢脚进行旋转,另一只脚蹬地向前或向后跨出,改变原来身体方向的动作方法,包括前转身和后转身等。

前转身

动作方法 见图3-1-8

(1)移动脚向中枢脚脚尖方向跨出,改变身体方向;

(2)转身时,中枢脚前脚掌用力碾地,移动脚蹬地并迅速跨步,同时转腰转肩,保持身体平衡。

技术要点

转体蹬跨有力,重心迅速转移,保持重心平稳,不要起伏。

错误纠正

练习时易出现重心不稳、上下起伏、转体动作不协调等问题。因此,应在转身时,将身体重心移到中枢脚上,重复练习转体动作,增加动作的协调性。

图 3-1-8

后转身

动作方法 见图 3-1-9

（1）移动脚向中枢脚脚跟方向移动，改变身体方向；

（2）转身时，中枢脚碾地旋转，移动脚蹬地并向身后撤步，同时腰胯主动用力旋转，身体重心随之转移，保持身体平衡；

（3）后转身可在原地或行进间运用。

技术要点

腰胯带动躯干旋转，蹬胯有力，保持重心平稳。

错误纠正

练习时易出现重心上下起伏、上体后仰、旋转时动作配合不协调等问题。因此，应控制好重心，加强腰胯力量，重复练习转体动作，增强动作的协调性。

图 3-1-9

滑步

滑步是个人防守应用最广泛、最主要的步法,包括侧滑步、前滑步和后滑步等。

侧滑步

动作方法
见图 3-1-10

（1）两脚平行站立，两膝较深弯曲，上体略前倾，两臂侧伸；

（2）向左侧滑步时，左脚向左侧迈出，同时右脚蹬地滑动，向左脚靠近，两脚保持一定距离，左脚继续向左侧跨出。

技术要点

（1）侧滑步时，要保持屈膝、低重心的姿势，身体不要上下起伏；

（2）两腿不要交叉，重心保持在两脚之间，目视对方。

错误纠正

练习时易出现重心上下起伏、步幅过小、两腿交叉等问题。因此，应在一定高度下做移动练习，控制重心，动作可由慢至快。

图 3-1-10

前滑步

动作方法 见图3-1-11

（1）两脚前后站立，向前滑步时，前脚向体前迈出一步；

（2）在前脚落地的同时，后脚紧随着向体前滑动，保持前后开立姿势。

技术要点

前滑步时，保持屈膝，降低重心，身体不要上下起伏，前脚同侧臂上举，另一臂侧张开。

错误纠正

练习时易出现重心不稳、身体上下起伏等问题。因此，应注意控制重心，体会动作要领。

图 3-1-11

后滑步

动作方法 见图 3-1-12

后滑步动作方法与侧滑步相同,只是向后滑步移动。

技术要点

两脚配合要协调,动作要迅速,重心要降低。

错误纠正

练习时易出现跳步、两脚交叉等问题。因此,应注意控制好身体,体会动作要领。

图 3-1-12

 后撤步

后撤步是前脚向后撤步的一种方法。

动作方法 见图 3-1-13

前脚脚掌内侧蹬地，同时腰部用力向后转动，后脚碾蹬地面，前脚快速后撤，紧接着滑步调整位置。

技术要点

（1）前脚蹬地后撤要快，后脚碾地扭腰转髋要猛；

（2）后撤角度不宜过大，身体重心不要起伏。

错误纠正

练习时易出现前脚蹬地力量

不够、身体起伏、后撤角度太大、结合滑步移动缓慢等问题。因此，应注意脚踝力量，身体不要起伏，在后撤步时移动要迅速。

图 3-1-13

攻击步

攻击步是防守队员突然向前跨出的一种动作。

动作方法　见图 3-1-14

后脚猛力蹬地，前脚迅速向前跨出逼近对方队员，落地时重心偏在前脚上，前脚同侧手前伸，做干扰和抢截性防守动作。

技术要点

蹬跨突然，落地平稳。

错误纠正

练习时易出现后脚蹬地力量不够、前脚跨出步幅不够、没有防守动作等问题。因此，应注意加强下肢力量，增强后脚猛烈蹬地的力度。

图 3-1-14

跳

跳是篮球运动中攻守双方争夺空间常用的手段,包括两脚起跳和单脚起跳等。

两脚起跳

动作方法 见图 3-1-15

(1)起跳时,两膝弯曲,降低重心,两脚用力蹬地,同时提腰摆臂向上起跳;

(2)身体在空中时,自然伸展控制平衡;

(3)落地时,脚掌先落地,屈膝缓冲,保持身体平衡,以便衔接下一个动作。

技术要点

两脚起跳多在原地运用,也可

在上步、并步、跳步或助跑情况下运用。

错误纠正

练习时易出现重心过高、两脚蹬地力量不够等问题。因此,应在起跳时控制好重心,注意增强下肢力量。

图 3-1-15

单脚起跳

动作方法　　见图3-1-16

（1）一般由助跑开始，起跳时，踏跳脚脚跟先着地，迅速过渡到脚掌用力蹬地，同时提腰摆臂，另一条腿快速屈膝上提，当身体达到最高点时，摆动腿自然伸直与起跳腿并拢；

（2）落地时，两脚略分开，屈膝缓冲，以便衔接其他动作。

技术要点

身体充分向前上方伸展，控制身体平衡。

错误纠正

练习时易出现起跳时提腰摆臂不够、落地时没有缓冲等问题。因此，应多加练习，加强肢体配合的协调性，体会动作要领。

图3-1-16

第二节 传接球技术

传接球技术是篮球比赛中运用最为普遍的一项进攻技术,是进攻队员之间有目的地转移球的方法,是进攻队员在场上相互联系和组织进攻的纽带,也是球队实现战术配合的桥梁。传接球技术包括传球和接球等。

篮球是一项团队项目,因此,篮球传球技术非常重要,采用何种方式的传球取决于场上的实际情况。传球技术包括双手胸前传球、双手头上传球、双手低手传球、单手肩上传球、单手胸前传球、单手低手传球、单手背后传球、单手体侧传球、勾手传球等。

双手胸前传球

 动作方法　见图3-2-1

(1)两手手指自然分开,拇指相对呈"八"字形,用指根以上部位持球的后下方,手心空出,两肘自然弯曲于体侧,将球置于胸前;

(2)身体呈基本姿势站立,目视传球目标,传球时后脚蹬地,在身体重心前移的同时,前臂迅速向球后方向伸直,手腕翻转,拇指用力下压,食指、中指用力拨球并将球传出,出球后身体迅速调整,呈基本站立姿势。

技术要点

（1）传球距离越近，前臂前伸的幅度越小，传球距离越远，蹬地、前臂前伸幅度越大；

（2）双手胸前传球可在原地和跑动中进行，跑动中接球和传球动作要连贯，上肢和下肢配合要协调。

错误纠正

练习时易出现先翻腕、后伸臂，两手外张，手指、手腕用力不当，上下肢配合不协调等问题。因此，应多加练习，注意体会动作要领。

图 3-2-1

双手头上传球

动作方法　见图 3-2-2

（1）双手举球置于头上方，两肘弯曲，持球手法与双手胸前传球相同；

（2）近距离传球时，前臂内旋，手腕前屈，拇指、食指和中指用力拨球，将球传出；

(3)远距离传球时,两脚蹬地,腰腹用力,前臂迅速前摆,手腕前屈,手指用力拨球,将球传出。

❋ 技术要点

传球时应用腰腹力量带动手臂摆动。

❋ 错误纠正

练习时易出现摆臂幅度过大等问题。因此,应用腰腹力量带动手臂摆动,手腕、手指用力,防止动作脱节。

图 3-2-2

双手低手传球

动作方法　见图 3-2-3

（1）两手持球于腹前或腹侧，两脚左右或前后开立，屈膝；

（2）传球时，前臂外旋，手腕前屈，小指、无名指和中指用力拨球，将球传出。

技术要点

在跑动中两手低手传球时，如果是左脚上步出球，则将球持于腰部右侧，在上步的同时，用前臂前伸、翻腕和手指拨球的协调而柔和的力量，将球传出。

错误纠正

练习时易出现翻腕、伸臂时机掌握不好、两肘内扣、上肢和下肢配合不协调等问题。因此，应先翻腕、后伸臂，两肘外张，手指、手腕用力适当，上肢和下肢配合协调。

图 3-2-3

单手肩上传球

动作方法　见图3-2-4

以右手传球为例:

(1) 两手持球于腹前,两脚平行开立;

(2) 传球时,左脚向传球的方向迈出半步,同时将球引到右肩上方,肘关节外展,前臂与地面近似平行;

(3) 手腕后仰,右手托球,左肩对着传球方向,重心落在右脚上,右脚蹬地,转体,前臂迅速向体前挥臂,手腕前屈,通过食指、中指拨球,将球传出。

技术要点

自下而上发力,蹬地、扭转肩部、挥臂和屈腕动作连贯。

错误纠正

练习时易出现身体发力顺序不正确、跨步与传球配合不协调、前臂摆动不积极、未充分利用转体蹬地的力量等问题。因此,应多加练习,注意体会动作要领。

图 3-2-4

单手胸前传球

动作方法 见图 3-2-5

以右手传球为例:

(1)持球方法与双手胸前传球基本相同;

(2)传球时,上体略右转,左手离开球,右手持球的侧后下方,伸臂、屈腕、拨指,最后通过手指拨动,将球传出。

技术要点

持球动作正确,用力协调、连贯,食指、中指拨球。

错误纠正

练习时易出现手指、手腕控球不稳,身体发力顺序不正确,手指没有拨球动作等问题。因此,应多加练习,注意体会动作要领。

图 3-2-5

单手低手传球

动作方法 见图 3-2-6

以左手传球为例:

(1) 持球方法与双手低手传球基本相同;

(2) 传球时,右脚向传球的方向迈出一步,右肩斜对传球方向,上体前倾,同时左手持球于体侧,左肩前摆,屈腕、拨指将球传出。

技术要点

跨步与向体侧引球同时进行,前臂摆动要迅速,传球手手腕用力。

错误纠正

练习时易出现手指、手腕控球不稳、跨步与传球配合不协调、手臂摆动不积极等问题。因此,应多加练习,注意体会动作要领。

图 3-2-6

单手背后传球

 动作方法 见图 3-2-7

以右手传球为例：

（1）两手持球于体前，侧对接球队员；

（2）传球时，左脚向体前迈出一步，两手持球右摆，当球摆至身体右侧时，左手离开球，右手引球继续沿髋关节向后环绕，当前臂摆至背后时，右手腕向传球方向急促前屈，食指、中指用力拨球，将球传出。

技术要点

上肢和下肢配合协调，手腕、手指灵活，根据传球角度，髋部的转动角度要到位。

错误纠正

练习时易出现上肢和下肢配合不协调、传球时机掌握不好、手指拨球动作不迅速等问题。因此，应多加练习，注意体会动作要领。

图 3-2-7

单手体侧传球

动作方法　见图 3-2-8

以右手传球为例：

（1）两脚开立，两腿略屈，两手持球于胸前；

（2）传球时，右手持球后引，由体侧向前做弧线摆动，手腕前屈，用食指、中指的力量拨球，将球传出。

技术要点

手腕、手指灵活，推拨球动作迅速，上肢和下肢协调配合。

错误纠正

练习时易出现上肢和下肢配合不协调、手指拨球动作不迅速等问题。因此,应多加练习,注意体会动作要领。

图 3-2-8

勾手传球

动作方法 见图 3-2-9

以右手传球为例:

(1)两手持球,左肩对着传球方向;

(2)传球时,左脚向体前跨出并转体,右手持球,手臂沿体侧由下而上做弧线摆动,同时右膝抬起;

(3)当球摆至头的右侧上方时,手腕前屈,食指、中指用力拨球,将球传出;

（4）行进间勾手传球和跳起勾手传球的手法与原地勾手传球相同，只是在右脚向前跨步时接球，上左脚起跳，右腿屈膝向上抬起，跳到最高点时出手传球。

技术要点

（1）用腰腹力量带动手臂摆动，手腕、手指推拨球迅速；

（2）跨步与腰腹发力、手臂摆动、推拨球结合紧密。

错误纠正

练习时易出现身体不协调、动作易脱节、推拨球不迅速等问题。因此，应多加练习，注意体会动作要领。

图3-2-9

接球

接球是篮球基本技术的重要组成部分，是组织进攻的先决条件和准备阶段，同时也是抢篮板球和截断球技术的基础，包括双手接头部高度球、双手接低于腰部球、双手接反弹（折线）球、双手接地滚球和单手接球等。

双手接头部高度球

动作方法　见图3-2-10

（1）接球时，目视来球，两臂前伸迎球，手指自然分开，两拇指呈"八"字形，两手呈半圆状，手心向着来球方向；

（2）在手指触球的一瞬间，两臂随球后引，缓冲来球的力量，然后将球置于体侧，做好传球、投篮和突破的准备。

技术要点

手形和接球部位正确，两手触球迅速后引。

错误纠正

练习时易出现迎球手形不正确、接球时对球的缓冲不够等问题。因此，应该注意保持迎球手形，手指触球的瞬间要随球后引，缓冲来球的力量。

图3-2-10

双手接低于腰部球

动作方法　见图 3-2-11

（1）接球时，两腿略屈，向来球方向迈出一步，上体前倾，目视来球，两手向前下方伸出迎球，五指自然分开，两小指呈"八"字形，手心向着来球方向；

（2）在手指触球的一瞬间，两臂随球后引，两手持球于胸腹之间，保持准备姿势，以便转换或衔接其他进攻动作。

技术要点

手形和接球部位正确，两手触球迅速后引。

错误纠正

练习时易出现接球重心过高、迎球手形不正确、接球时对球的缓冲不够等问题。因此，应降低身体重心，主动迈步迎球，注意保持迎球手形，手指触球的瞬间要随球后引，缓冲来球的力量。

图 3-2-11

 双手接反弹(折线)球

动作方法　见图 3-2-12

（1）接球时，跨步迎球，上体前倾，目视来球，两手向前下方伸出，五指自然分开；

（2）手指触球后，两手持球，顺势将球移至胸腹间，保持身体站立姿势，以便转换或衔接其他进攻动作。

技术要点

（1）重心下降，跨步接球，手指自然分开，手指触球迅速缓冲；

（2）根据球的落点和弹速迅速做出接球判断。

错误纠正

练习时易出现跨步重心过高、接球缓冲不够、对球的着地点判断不准等问题。因此，应多加练习，注意体会动作要领。

图 3-2-12

双手接地滚球

动作方法　见图 3-2-13

（1）面向来球方向迎出一步，身体下蹲，目视来球，两手向来球方向伸出，手心向前，手指朝下；

（2）触球后顺势将球握住，随即保持准备姿势，以便衔接其他进攻动作。

技术要点

注意两腿不要平行开立，以免漏球。

错误纠正

练习时易出现接球时身体重心高、迎球不积极、触球后对球的

保护不好等问题。因此,应使身体迅速下蹲,降低重心,目视来球,手心向前主动迎球,触球后顺势将球握住,随即保持准备姿势,以便衔接下一个动作。

图 3-2-13

单手接球

动作方法　见图 3-2-14

（1）以右手接球为例,右脚向来球方向迈出一步,目视来球,身体重心移至右脚;

（2）接球时,右臂伸出迎球,手掌呈勺形,手指自然张开,手心对准来球方向,当手触球后顺势后引,同时左手扶球,两手持球于胸前。

技术要点

伸臂迎球,指端触球时迅速后引,缓冲来球的力量。

错误纠正

练习时易出现迎球不积极、迎球时机判断不好、对球的缓冲不够等问题。因此,应多加练习,注意体会动作要领。

图 3-2-14

第三节 投篮技术

投篮是持球队员将球投入篮筐所采用的各种动作方法的总称。投篮是所有技战术运用的目的,是比赛中最为重要的技术。投篮技术包括持球和投篮两部分。

持球

持球是投篮时能否牢固地控制球和完成投篮动作的前提,包括单手持球法和双手持球法等。

▼ 单手持球法

动作方法 见图 3-3-1

以原地单手肩上投篮为例:
(1)投篮手五指自然分开,用手掌外沿和指根以上部位托住球的

后下方,手心空出,手腕后仰;

(2)球的重心落在食指和中指之间,置球于同侧肩的前上方。

技术要点

手指不能太僵硬,手腕要有弹性。

错误纠正

练习时易出现全手掌触球、肘关节外张等问题。因此,应多加练习,注意体会动作要领。

图 3-3-1

双手持球法

动作方法 见图 3-3-2

以原地双手胸前投篮为例:

(1)两手手指自然分开,拇指相对呈"八"字形;

(2)用指根以上部位持球的两侧后下方,手心空出,两臂自然屈肘,肘关节下垂,置球于胸腹之间。

技术要点

投篮时前臂内旋,用食指、中指拨球,两手用力协调一致。

错误纠正

练习时易出现全手掌触球、肘关节外张、两手用力不协调等问题。因此,应多加练习,注意体会动作要领。

 投篮

投篮包括原地双手胸前投篮、原地单手肩上(头上)投篮、行进间单手低手投篮、行进间单手肩上投篮、反手投篮、勾手投篮、原地跳起单手肩上(头上)投篮、接球急停跳起投篮、运球急停跳起投篮、转身起跳投篮、两手补篮、单手补篮和扣篮等。

原地双手胸前投篮

动作方法 见图3-3-3

（1）双手持球于胸前，两臂自然屈肘，两脚前后或左右开立，两膝略屈，重心落于两脚之间，目视投篮点；

（2）投篮时，下肢蹬地发力，腰腹伸展，两臂向前上方伸直，前臂内旋，两手腕同时向内翻转，拇指下压，食指、中指用力拨球，通过指端将球投出；

（3）球出手时，身体随投篮出手方向自然伸展，两脚跟略抬起。

❋ 技术要点

上下肢和左右手用力要协调一致。

❋ 错误纠正

练习时易出现全手掌触球、对球的力量控制不好、肘关节外张、身体用力不协调等问题。因此,应多加练习,注意体会动作要领。

图 3-3-3

▼ 原地单手肩上(头上)投篮

❋ 动作方法　见图 3-3-4

以右手投篮为例:

(1)右手持球于肩部上方或头部上方,左手轻扶球的左后方,上臂与肩关节约呈水平或略高,前臂与上臂约呈 90 度角,两脚前后或左右开立,两膝略屈,重心落在两脚之间,目视投篮点;

(2)投篮时,下肢蹬地发力,腰腹伸展,右臂向前上方伸直,手腕前屈,食指、中指拨球,通过指端将球投出;

(3)球出手时,身体随投篮出手方向自然伸展,两脚跟略抬起。

图 3-3-4

❖ 技术要点

上肢和下肢要协调用力,用手腕前屈和手指拨球动作将球投出。

❖ 错误纠正

练习时易出现持球手手心空出、肘关节外张、上肢和下肢用力不协调、投篮时上臂用力推球等问题。因此,应多加练习,体会动作要领。

▼ 行进间单手低手投篮

❖ 动作方法　见图3-3-5

（1）以右手投篮为例,右脚跨出一大步接球,左脚接着跨出一小步,并用力蹬地起跳,右腿屈膝向上抬起,同时两手举球于前上方;

（2）当身体接近最高点时,左手离球,右手掌心向上托球,右臂向前上方伸直,屈腕,食指、中指拨球,将球投出。

❖ 技术要点

腾空时,身体向前上方充分伸展,投篮动作要上肢和下肢协调用力。

图3-3-5

❖ 错误纠正

练习时易出现起跳蹬地力量不足,投篮时身体向前上方伸展不充分,手腕、手指用力动作不明显等问题。因此,应加强腿部力量,投篮时身体向前上方充分伸展,手腕、手指用力。

行进间单手肩上投篮

动作方法　见图3-3-6

（1）以右手投篮为例，右脚跨出一大步接球，左脚接着跨出一小步，并用力蹬地起跳，右腿屈膝向上抬起，同时两手举球于右肩上方；

（2）当身体接近最高点时，左手离球，右臂向前上方伸直，手腕前屈，食指、中指拨球，将球投出。

技术要点

蹬地上跳，举球伸臂。

错误纠正

练习时易出现第二步步幅过大，造成身体前倾、举球动作不及时、投篮动作用力不协调等问题。因此，应加强步法练习，控制身体重心，举球动作要及时，投篮动作要用力协调。

图3-3-6

反手投篮

动作方法 见图 3-3-7

（1）以从篮球的右侧沿端线超越篮下右手投篮为例，右脚跨出一大步接球，左脚接着跨出一小步，并制动蹬地向上起跳，身体后仰，抬头目视篮球，两手向上举球；

（2）当身体接近最高点时，左手离球，右手托球向球篮方向伸直，前臂外旋，屈腕，食指、中指、无名指和小指用力拨球，通过指端将球投出。

图 3-3-7

技术要点

上体挺胸后仰，前臂外旋，手指拨球。

错误纠正

练习时易出现向前冲力过大、球出手时离球篮过远、前臂外旋动作不明显等问题。因此，应控制好向前冲的力量，球出手时控制好与篮筐的距离，前臂外旋动作明显。

勾手投篮

动作方法 见图 3-3-8

以右手投篮为例：

（1）右脚跨出一大步接球，左脚向球篮方向跨一小步，并以左脚为轴，向球篮方向转身侧对球篮，左脚蹬地起跳，右腿屈膝抬起，同时两手持球，从胸前向右上方做弧形摆动举球，左手自然离球；

（2）当球举至头右上方接近最高点时，目视投篮点，屈腕，食指、中指拨球，通过指端将球投出。

技术要点

一侧手臂要伸直，用手腕发力，腿要有弹跳动作，另一只手抵住对方防守队员,控制好身体,使身体侧面正对球篮。

错误纠正

练习时易出现手指、手腕的灵活性和力量不足等问题。因此,应增强手指、手腕的灵活性和力量练习,注意体会动作要领。

图 3-3-8

▼ 原地跳起单手肩上(头上)投篮

动作方法　见图 3-3-9

以右手投篮为例:

(1)两手持球于胸前,两脚前后或左右开立,两膝略屈,重心落在两脚之间;

(2)起跳时两脚(或一脚向前迈半步)用力蹬地向上跳起,两手举球至肩上(头上)方,右手托球,左手扶球的左侧方;

(3)当身体接近最高点时,左手离球,右臂向前上方伸直,手腕前屈,食指、中指拨球,通过指端将球投出;

(4)落地时,屈膝缓冲,保持身体平衡。

技术要点

蹬地起跳要快速、有力,当身体接近最高点时出手投球。

错误纠正

练习时易出现举球不及时、投篮动作不协调、出手时机不对等问题。因此,应多加练习,注意体会动作要领。

图 3-3-9

接球急停跳起投篮

动作方法 见图 3-3-10

（1）在快速移动中用跨步或跳步接球急停,同时两脚突然快速有力蹬地起跳,两手持球迅速上举;

（2）当身体接近最高点时,前臂向前上方伸直,手腕前屈,食指、中指拨球,通过指端将球投出。

技术要点

急停的步子要稳,连接起跳技术要协调,身体腾空和投篮出手协调一致。

错误纠正

练习时易出现接球与急停动作不协调、蹬地起跳不够快速和有力等问题。因此,应强调对力量的练习,以便提高弹跳速度。

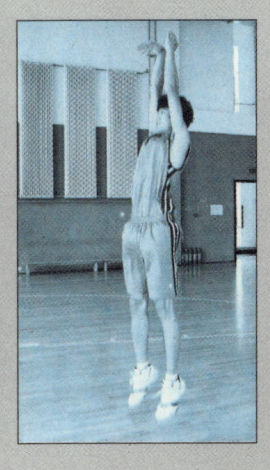

图 3-3-10

运球急停跳起投篮

动作方法 见图 3-3-11

（1）在快速运球中用跨步或跳步急停，同时两脚突然快速、有力蹬地起跳，两手持球迅速上举；

（2）当身体接近最高点时，前臂向前上方伸直，手腕前屈，食指、中指拨球，通过指端将球投出。

技术要点

急停的步子要稳，连接起跳技术要协调，身体腾空和投篮出手要协调一致。

错误纠正

练习时易出现运球急停时未能有效地制动、蹬地起跳不够快速和有力等问题。应加强力量练习，增强蹬地起跳的力量和速度。

图 3-3-11

转身起跳投篮

动作方法 见图 3-3-12

（1）背向或侧向球篮站立，投篮时以左（右）脚为轴向前（后）转身面对球篮，两脚迅速蹬地向上跳起，同时两手持球上举；

（2）当身体接近最高点时，右前臂向前上方伸直，手臂前屈，食指、中指用力拨球，通过指端将球投出。

技术要点

蹬地起跳要快速、有力。

错误纠正

练习时易出现身体未达到最高点就将球投出、两脚蹬地不够迅速等问题。因此，应多加练习，注意体会动作要领。

图 3-3-12

两手补篮

动作方法 见图 3-3-13

（1）当球从篮圈或篮板反弹时，准确地判断球的反弹方向，迅速起跳，身体向上伸展，两臂向球的方向伸出；

（2）当身体跳到至高点，两手接触球的一瞬间，用手指、手腕力量将球托入球篮，或用两手点拨球入篮。

技术要点

判断准确,起跳及时,肢体伸展。

错误纠正

练习时易出现起跳过早或过晚、判断球反弹方向不准确等问题。因此,应多加练习,注意体会动作要领。

图 3-3-13

单手补篮

动作方法　见图 3-3-14

(1)当从篮圈或篮板反弹时,准确地判断出球的反弹方向,迅速起跳,身体向上伸展,手臂向球的方向伸出;

(2)当身体跳至最高点,手臂接触球的一瞬间,在空中单手托球入篮或用单手指尖将球点拨入篮。

技术要点

判断准确,起跳及时,肢体伸展。

错误纠正

练习时易出现起跳不充分、脚

图 3-3-14

下力量不足、上肢和下肢配合不协调等问题。因此,应多加练习,注意体会动作要领。

扣篮

动作方法 见图3-3-15

原地或行进间起跳后,身体在空中充分伸展,两手或单手尽量将球高举超过球篮,屈腕,将球自上而下扣入球篮。

技术要点

起跳要充分,球出手点要高,扣篮要快速。

错误纠正

练习时易出现球的出手点不够高,有托球、抛球动作,弹跳力不够,动作不协调等问题。因此,应多加练习,注意体会动作要领。

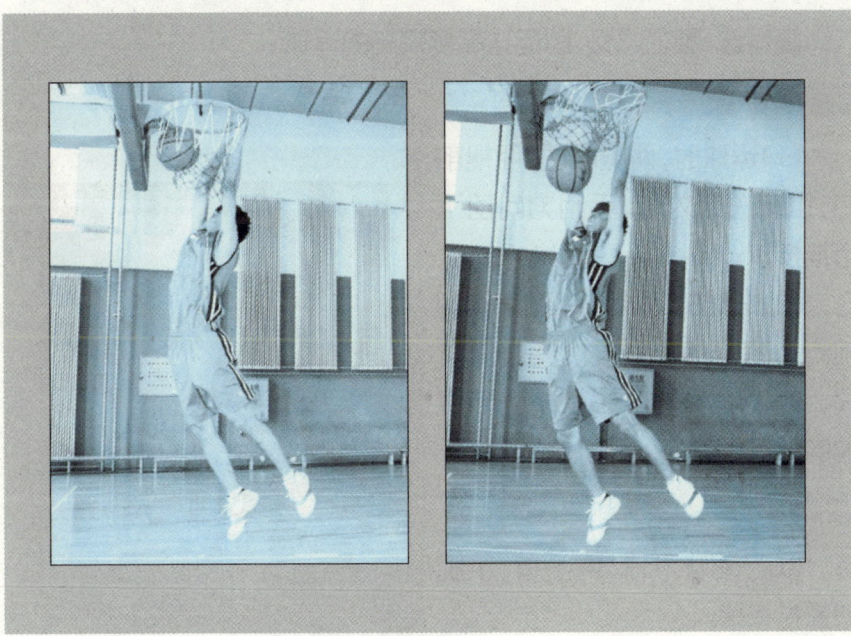

图3-3-15

第四节 运球技术

运球是指持球队员用手连续拍击球,并借助反弹力量与脚步协调配合的技术方法。运球是篮球比赛中持球队员移动的手段,不仅是个人摆脱防守进行攻击的方法,还是组织全队进攻配合的桥梁,对发动快攻、突破紧逼防守都起着较大的作用。运球技术包括高运球、低运球、体前变向换手运球、背后运球、运球转身和胯下运球等。

高运球

高运球,顾名思义,即运球高度较高的运球。

动作方法　见图3-4-1

（1）运球时,两腿略屈,目视前方,以肩关节为轴,手用力向前下方推按球;

（2）把球的落点控制在身体侧前方,使球的反弹高度在胸腹之间,手和脚协调配合,使球有节奏地向前运行。

技术要点

以肘关节为轴,用手指、手腕力量拍按球。

错误纠正

练习时易出现手臂动作不放松、肩关节僵硬、跑动速度与运球

速度配合不协调等问题。因此,应多加练习,注意体会动作要领。

图 3-4-1

低运球

低运球,顾名思义,即运球高度较低的运球,一般在遇到防守时使用。

动作方法　见图 3-4-2

（1）两腿弯曲,降低重心,上体前倾,用上体和腿保护球;

（2）同时,用手短促地按拍球,使球的反弹高度在膝关节以下。

技术要点

前臂随球体下压,手腕、手指短促用力拍球。

错误纠正

练习时易出现拍球时没有随球下按动作、用手击打球等问题。因此,应多加练习,注意体会动作要领。

图 3-4-2

体前变向换手运球

体前变向换手运球一般在运球突破时使用。

动作方法　见图3-4-3

（1）运球队员从对方右侧突破时，先向对方左侧运球，当对方向左侧移动时，运球队员突然向其右侧变向；

（2）变向时，右手按拍球的右后上方，使球从身体右侧拍向左侧前方，同时右脚向左前方跨出，上体向左转，用肩挡住对方，突然换左手按拍球的后上方，左脚跨出，从对方的右侧突破。

技术要点

换手时，球要压低，动作要快。

错误纠正

练习时易出现触球部位不正确，翻腕动作过大，拍球和跨步动作不协调，没有侧身、探肩动作等问题。因此，应多加练习，注意体会动作要领。

图3-4-3

背后运球

背后运球是指为避免球被对方抢断，从背后将球变向运出突破的方法。

动作方法 见图 3-4-4

（1）以右手运球，向左侧变方向为例，变方向时，左脚在前，用右手将球控制至身后，迅速按拍球的右侧后方；

（2）将球从身后拍至左脚的侧前方，并立即换左手运球，左脚迅速向体前跨出，加速前进。

技术要点

屈腕，中指、无名指、小指用力按拍球，手脚配合协调。

错误纠正

练习时易出现提拉球不到位、控制球能力差、手脚配合不协调等问题。因此，应多加练习，注意体会动作要领。

图 3-4-4

运球转身

运球转身是指通过转身将球变向运出突破的方法。

动作方法　见图3-4-5

以右手运球为例：

（1）当对方靠近自己的右侧时，以左脚为中枢脚向后转身，右手拍按球的前上方；

（2）随着转身动作，将球拉向身体的后侧方，然后换左手运球，从对方的右侧突破。

技术要点

转身时要降低重心，拉球动作与转身动作协调一致。

错误纠正

练习时易出现转身时没有把球控制在身后、身体重心起伏、后拉拍球部位不正确等问题。因此，应多加练习，注意体会动作要领。

图 3-4-5

胯下运球

胯下运球是指通过胯下将球变向运出突破的方法。

 见图 3-4-6

以右手运球为例，变向时，左脚在前，右手按拍球的右侧上方，使球从两腿之间穿过，右脚向左前方跨出，换左手运球继续前进。

技术要点

转身时要降低重心，拉球动作与转身动作协调一致。

错误纠正

练习时易出现转身时没有把球控制在身后、身体重心起伏、后拉拍球部位不正确等问题。因此，应多加练习，注意体会动作要领。

基本技术

图 3-4-6

第五节

持球突破技术

持球突破是指持球队员运用脚步动作与运球技术相结合，快速超越对方，直接切入篮下得分，或为队友创造得分机会的技术方法。持球突破包括交叉步突破、同侧步突破、后转身突破和前转身突破等。

 交叉步突破

交叉步突破是指利用交叉步进行突破的方法。

动作方法 见图3-5-1

（1）以右脚作为中枢脚，两脚左右开立，两膝略屈，身体重心降低，持球于胸腹之间；

（2）突破时，左脚脚掌内侧迅速蹬地，上体右转，右肩下压，左脚向右前方跨出一大步，向左脚侧前方推放球，右脚用力蹬地，迅速上步，超越对方。

技术要点

蹬跨积极，起动突然，动作连贯。

错误纠正

练习时易出现侧身、探肩不充分、身体重心过高、后蹬力量不足、加速慢等问题。因此，应多加练习，注意体会动作要领。

图 3-5-1

同侧步突破

同侧步突破是指跨步与突破在同一方向的方法。

动作方法 见图 3-5-2

（1）以左脚作为中枢脚，准备姿势与交叉步突破相同；
（2）突破时，右脚向右前方跨出一步，向右转体探肩，重心前移，右手推放球于右脚的侧前方，左脚迅速蹬地上步，超越对方。

技术要点

起动突然，跨步、推放球快速连贯，中枢脚离地前球要离手。

错误纠正

练习时易出现侧身、探肩不充分，身体重心过高，后蹬力量不足，加速慢等问题。因此，应多加练习，注意体会动作要领。

图 3-5-2

后转身突破

后转身突破是指利用后转身进行突破的方法。

动作方法　见图 3-5-3

（1）以左脚为中枢脚，背向球篮站立，两脚平行（或前后）开立，两腿弯曲，重心降低，两手持球于腹前；

（2）突破时，以左脚为轴转身，右脚向右侧后方撤步，上体右转，脚尖指向侧后方，右手向右脚前方推放球，左脚内侧迅速蹬地，向球篮方向跨出，运球突破防守。

技术要点

重心稳，转身快，步法灵活。

错误纠正

练习时易出现突破时重心高、转身时支撑轴选择不正确等问题。因此，应多加练习，注意体会动作要领。

图 3-5-3

前转身突破

前转身突破是指利用前转身进行突破的方法。

动作方法 见图 3-5-4

（1）以左脚作为中枢脚，准备姿势与后转身突破相同；

（2）突破时，重心移至左脚，右脚脚掌内侧蹬地，以左脚为轴，右脚随着前转身向球篮方向跨步，左肩向球篮方向压，右手运球后左脚蹬地，向前跨出，突破对方。

技术要点

起动突然，重心稳，转身快，步法灵活。

错误纠正

练习时易出现重心没有移至左脚、蹬地运球动作不连贯等问题。因此，应多加练习，注意体会动作要领。

图 3-5-4

第六节 攻击性防守技术

攻击性防守,是指在常规防守的形式下,在有限的时间和空间内,为争夺控球权,根据球的位置合理运用防守动作,主动出击,迅速调整的技术方法。它是一种具有很强的攻击性和对抗性的整体现代防守形式。攻击性防守技术包括抢球、打球和断球等。

抢球

抢球即抢夺进攻队员手中的球,包括拉抢和转抢等。

拉抢

动作方法 见图 3-6-1

看准对方的持球空隙部位,迅速用两手抓住球后突然猛拉,将球抢夺过来。

技术要点

抢球时要靠近对方，动作要突然、果断，当两手手指触球和控球时，突然猛拉。

错误纠正

练习时易出现抢球时不够果断、出手不够突然、抢球时机掌握不好等问题。因此，应判断准确，出手果断，动作迅速，加强抢球时机的练习。

图 3-6-1

转抢

动作方法　见图 3-6-2

防守队员在抓住球的同时，迅速利用手臂后拉和两手转动的力量，将球从对方手中抢过来。

技术要点

（1）抢球时，为了加大夺球力量，可以利用转体动作，迫使对方无法握球；

（2）如果抢球不成功，则应力争与对方造成"争球"。

错误纠正

练习时易出现抢球时机判断不好，过早暴露行动意图等问题。因此，应加强视野训练，提高行动的预见性和对时机判断的准确性。

图 3-6-2

 打球

打球即打落对方手中的球,包括打持球队员手中球、打运球队员手中球和打行进间投篮队员手中球等。

打持球队员手中球

 动作方法　见图 3-6-3

（1）如果对方持球部位较高,可采用由下而上的方法打球,打球时,掌心向上,用手指和指根击球的下部;

攻击性防守技术

(2)如果对方持球部位较低,可采用由上而下的方法打球,打球时,掌心向下,用手指和手掌外侧击球的上部。

技术要点

自上而下打球时,前臂向前伸,掌心向下,扣腕带动手指和手掌外翻,用短促的力量击球的上部。

图 3-6-3

错误纠正

练习时易出现打球时机掌握不好,整个动作缺乏突然性,导致打球的时效性差等问题。因此,应提高脚步的突然性、快速性、灵活性和上下肢动作的协调性。

打运球队员手中球

动作方法　见图 3-6-4

以右手运球为例:

(1)当运球队员向前推进时,防守队员用侧后滑步移动,用右臂堵住运球队员左侧,防止其变向运球,同时用左臂干扰其运球,当球刚从地面弹起,尚未接触运球队员手肘时,及时用手短促、有力地从侧面将球打出,并及时上前抢球;

(2)如果运球队员已经从防守队员左侧突破,防守队员可以左脚为轴立即前转身,右脚跨出一大步,在运球队员的背后用向前伸臂的抄打动作击球的后部,将球打出。

技术要点

选择好时机,上步快速,打球后迅速抢球。

错误纠正

练习时易出现手臂动作幅度过大,用力过猛,身体平衡控制不好,造成犯规等问题。因此,应采用一些辅助练习,提高手臂伸拉和手指、手腕的拍击、点拨、扭转等动作的突然性和果断性。

图 3-6-4

打行进间投篮队员手中球

动作方法　见图 3-6-5

当进攻队员运球上篮时,防守队员要随之移动,在对方跨出第一步接球时,就要靠近他,当对方跨出第二步起跳举球时,迅速移动到他的右侧略前方,伸手从其胸前向下将球打出。

技术要点

跟随移动快,找准时机,迅速出手,手臂撤离要快。

错误纠正

练习时易出现打球时机判断不好,过早暴露行动意图,手臂动作幅度过大,用力过猛,造成犯规等问题。因此,应提高脚步的突然性、快速性、灵活性和上下肢动作的协调性,掌握

图 3-6-5

正确、合理的打球动作。

断球

断球即截获对方传接的球,包括横断球、纵断球、封断球和"盖帽"等。

横断球

动作方法 见图3-6-6

(1)当断球时,屈膝,身体重心下降,准备起动;

(2)在球由对方手中传出的瞬间突然起动,单脚或双脚用力蹬地跃出,身体伸展,两臂前伸;将球截获;

(3)如果距离较远,可加助跑起跳。

技术要点

蹬地有力,跃动迅猛,两臂快伸。

错误纠正

练习时易出现断球时机掌握不好,过早暴露行动意图,断球速度慢,缺乏突然性等问题。因此,应加强视野的训练,提高对时机判断的准确性。

图3-6-6

 纵断球

动作方法　见图 3-6-7

当从对方右侧向前断球时,右脚先向右侧前方跨出半步,然后侧身跨左脚绕到对方身前,左脚或两脚用力蹬地向前跃出,身体伸展,两臂前伸,将球截获。

技术要点

跨步要迅速、有力,手臂前伸要迅速。

错误纠正

练习时易出现跨步力量不足、断球速度慢、手臂前伸不够迅速等问题。因此,应注意加强下肢力量的练习,提高起动速度,增强上肢和下肢动作的协调性,注意手臂的前伸突然性。

图 3-6-7

 封断球

动作方法　见图 3-6-8

当持球队员暴露了自己的传球意图或传球动作较大时,防守队员可在对方球出手的瞬间,突然起动,伸臂封盖或将球截获。

技术要点

准确判断对方传球意图,封球伸臂要突然。

错误纠正

练习时易出现对传球意图判断不准确,断球速度慢,缺乏突然性,以致断球质量和实效性差等问题。因此,应加强视野判断训练,提高脚步动作的突然性、快速性、灵活性,以及上肢和下肢动作的协调性。

图 3-6-8

"盖帽"

动作方法 见图 3-6-9

(1)"盖帽"前迅速移动,选择有利位置,准确判断对方起跳和出球时机,当对方起跳投篮时,立即跟随起跳;

(2)此时,身体和手臂充分伸展,当对方举球至最高点或球刚出手的瞬间,迅速用手腕、手指力量向侧或向前点拨球,将球打落。

技术要点

(1)掌握好起跳时机,目视球的移动,注意对方投篮的出手时间;

(2)起跳后,身体舒展,手臂高举,用手腕动作将球拍出或打掉。

图 3-6-9

错误纠正

练习时易出现起跳时间慢、起动速度慢，打球动作过大，造成犯规等问题。因此，应加强下肢力量的训练，提高起跳速度，打球时动作小而突然，前臂不要下压，尽量避免接触对方身体，以免造成犯规。

第七节 抢篮板球技术

在篮球比赛中，双方队员争抢投篮未中从篮板或篮圈反弹回的球，统称为抢篮板球。进攻队员争抢本队投篮未中的球称为抢进攻篮板球，防守队员争抢对方未投中的球称为抢防守篮板球。无论是进攻还是防守，争夺篮板球都是一个重要环节，它是获得控制球权的重要因素之一。抢篮板球技术包括判断与抢占位置、起跳抢球动作、空中抢球和获球后动作等。

判断与抢占位置

正确的判断、提前抢占有利位置是抢篮板球技术的关键。

动作方法　见图3-7-1

根据对方和投篮队员所处的位置，正确判断篮板球的反弹方向和距离，运用快速的脚步动作，抢占有利位置。

技术要点

（1）抢进攻篮板球，首先准确判断，然后向相反方向侧跨步，抢占有力位置，及时起跳，跳至最高点补篮或抢篮板球；

（2）抢防守篮板球，首先准确判断球的方向和落点，抢占有利位置，

图3-7-1

运用移动和转身动作,合理地"挡"住对方向篮下冲跑的路线。

错误纠正

练习时易出现对球反弹方向与落点判断不准,起跳时机掌握不好,动作过猛造成犯规等问题。因此,应做投篮后向球的方向快速移动到位接球练习,提高预判能力和快速移动能力。

起跳抢球动作

起跳抢球动作是抢位后紧跟着进行的一个连续动作。它不仅要求在起跳腾空后,身体要达到一定的高度,而且还要求根据球的反弹高度、方向和落点,采取不同的起跳蹬地用力的方向,使起跳后抢球手有利于在空中接近反弹的方向和落点。

动作方法　见图3-7-2

(1)起跳前,两膝略屈,重心降低,上体略前倾,两臂屈肘举于体侧,身体重心置于两脚之间,注意观察和判断球的反弹方向,及时起跳;

(2)起跳时,两腿用力蹬地,提腰,两臂上摆,同时手臂向上伸展,腰腹协调用力,充分伸展身体,并控制好身体平衡。

技术要点

(1)抢进攻篮板球,多采用助跑单脚起跳或跨一两步双脚起跳;

(2)抢防守篮板球,多采用原地上步、撤步或跨步的双脚起跳。

图3-7-2

错误纠正

练习时易出现起跳不充分、在空中控制不好平衡等问题。因此,应尽量保持正确的起跳姿势,起跳要充分有力,手臂配合上摆,身体充分伸展,空中控制好身体平衡。

 空中抢球

空中抢球包括双手抢篮板球、单手抢篮板球和点拨球等。

 双手抢篮板球

动作方法 见图3-7-3

（1）起跳后，腰腹肌用力控制身体平衡，身体充分伸展，两臂用力伸向球的方向，以提高制高点和扩大占据空间；

（2）当身体和手达到最高点时，两手指端触球的瞬间，两手用力握球，腰腹用力，迅速屈臂，将球拉至胸腹部位，同时两肘外展，保护好球。

技术要点

身材高大的队员抢到球后，为避免被对方截掉，可以将球举在头上保护好球。

错误纠正

练习时易出现起跳不充分，身体不伸展，对球的保护意识差，易被对方打掉或抢走等问题。因此，应充分起跳后，身体在空中充分伸展，注意保护好球。

图3-7-3

 单手抢篮板球

动作方法 见图3-7-4

（1）起跳后，身体在空中充分伸展，达到最高点时，近球侧手臂尽

量向球伸展,指端触球瞬间迅速屈指、屈腕、屈肘,由手臂将球拉于胸腹部位;

(2)两腿弯曲,保持身体平衡,另一只手注意保护球,将球控制好。

技术要点

动作连贯,抢球下拉快速、有力,注意保护好球。

错误纠正

练习时易出现动作不连贯、对球的保护意识差等问题。因此,身体从起跳到抢球、落地一连串动作应连贯有力,同时注意保护好球。

图 3—7—4

点拨球

动作方法 见图 3—7—5

与单手抢篮板球动作相似,用指端点拨球的侧方或侧下方,将球点给队友。

技术要点

落点要准确,拨球力量适中。

错误纠正

练习时易出现遇到身材高大的队员,或处于不利位置时慌乱无策,容易犯规等问题。因此,应在这种情况下采用点拨球技术,有意识缩短传球时间。

图 3—7—5

获球后动作

获球后动作是抢篮板球的最后一个环节,也是最关键的技术。

动作方法　见图 3-7-6

(1)抢获球落地后,应紧握球,两脚分开,脚掌先着地,两膝略屈,保持身体平衡,两肘外展,保护好球;

(2)如果若对方在身体后侧,则将球置于对方远侧,并利用转体跨步不断移动球的位置,左右上下挥摆,防止对方将球打掉;

(3)身材高大的队员在得球后,可将球置于头上,这样更易于传球或护球。

技术要点

(1)在抢进攻篮板球后,应尽可能在空中将球补投进篮,如果没有投篮机会,则应迅速将球传给队友,重新组织进攻;

(2)在抢防守篮板球后,力争在空中将球传给队友完成发动快攻一传,如果在空中不能直接传球,则在落地后应迅速将球传出,或在运球突破后及时传给队友。

错误纠正

练习时易出现获球后动作与传球、投篮、运球动作相脱节及遭遇对方围攻时,处理盲目等问题。因此,应多加练习,注意体会动作要领。

图 3-7-6

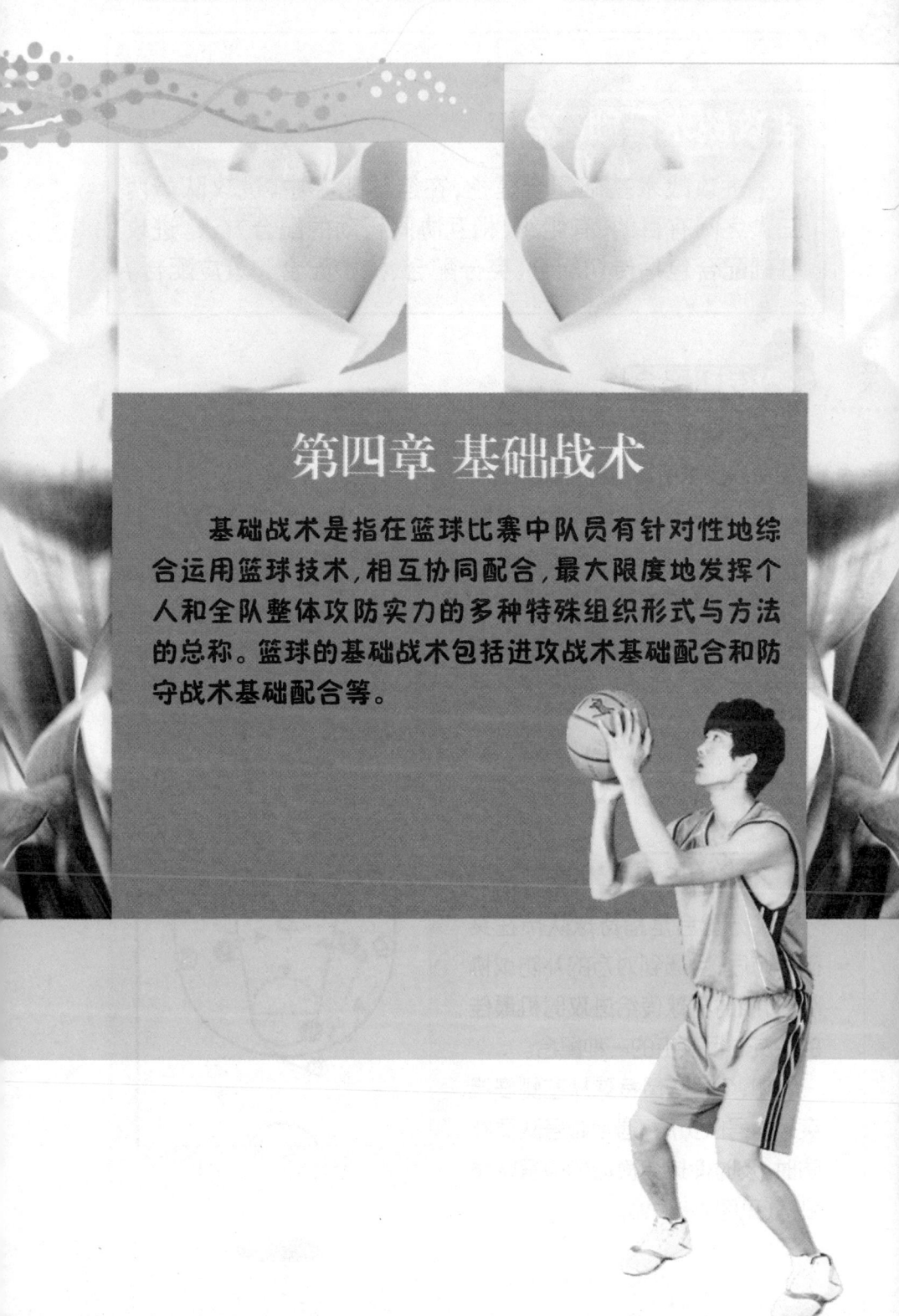

第四章 基础战术

基础战术是指在篮球比赛中队员有针对性地综合运用篮球技术，相互协同配合，最大限度地发挥个人和全队整体攻防实力的多种特殊组织形式与方法的总称。篮球的基础战术包括进攻战术基础配合和防守战术基础配合等。

第一节 进攻战术基础配合

进攻战术基础配合是指,在篮球比赛中,进攻队员两三人之间有目的、有组织、相互协同行动的配合方法。进攻基础配合包括传切配合、突分配合、掩护配合和策应配合。

传切配合

传切配合是队员之间利用传球和切入技术所形成的简单配合。

如:⑤号队员传球给⑥号队员,⑤号队员向左侧做切入假动作,同时观察防守❺号队员的移动情况,然后突然从右侧切入,侧身面向球,接⑥号队员的传球投篮(见图4-1-1)。

图4-1-1

突分配合

突分配合是指持球队员在突破对方后,当遇到对方的补防或协防时,及时将球传给进攻时机最佳的队友进行攻击的一种配合。

如:④号队员持球从左侧底线突破❹号队员后,遇到❺号队员补防时,及时传球给横切的⑤号队员投篮(见图4-1-2)。

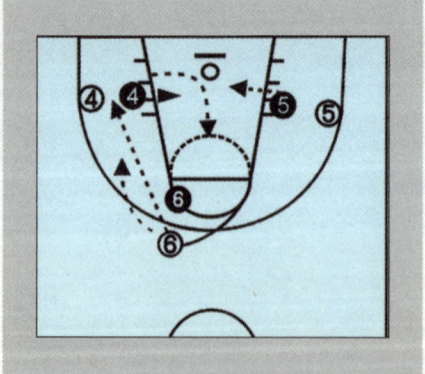

图4-1-2

 **掩护配合**

掩护配合是指进攻队员选择正确的位置，运用规则限定的合理的身体动作，挡住队友防守者的移动路线，使队友摆脱防守，获得接球投篮或其他进攻机会的一种配合方法。

如：⑤号队员传球给④号队员后，向篮下做切入动作，然后到④号队员前面做掩护，④号队员可投篮或突破（见图4-1-3）。

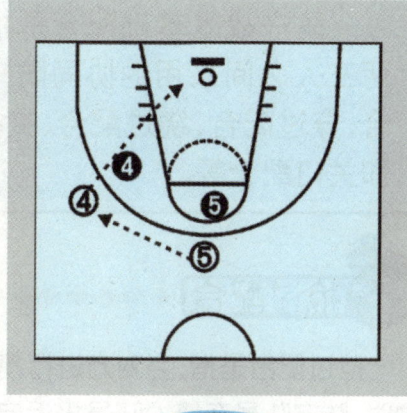

图4-1-3

 **策应配合**

策应配合通常在高大中锋中运用较多，策应时进攻队员背对或侧对球篮，接球后以其为枢纽，通过多种传球方式与外线队员的空切、绕切相结合，摆脱防守，创造各种里应外合进攻机会。

如：⑥号队员传球给⑦号队员，与④号队员在策应队员⑦号身前做交叉绕切，⑦号队员可将球传给绕切的④号队员或⑥号队员，也可以自己转身进攻（见图4-1-4）。

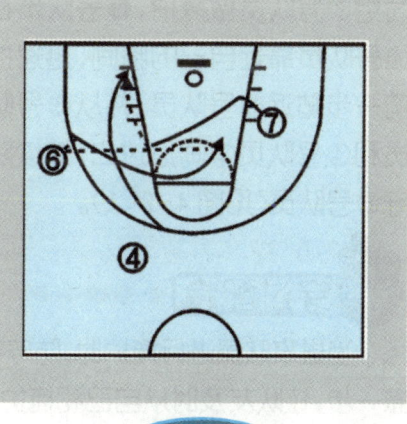

图4-1-4

第二节 防守战术基础配合

防守战术基础配合是指,在篮球比赛中,防守队员两三人之间采用的协同防守配合的方法,包括抢过配合、穿过配合、绕过配合、交换配合、夹击配合、补防配合和关门配合等。

抢过配合

抢过配合是指,当对方进行掩护时,防守队员在掩护队员接近自己的瞬间,迅速抢前一步贴近自己的防守队员,并从两人中间挤过去,继续防守的战术。

如:④号队员传球给⑤号队员后给⑥号队员做掩护,❻号队员在④号队员靠近自己的瞬间,迅速抢前一步贴近⑥号队员,并从⑥号队员和④号队员中间抢过去,继续防守⑥号队员(见图 4-2-1)。

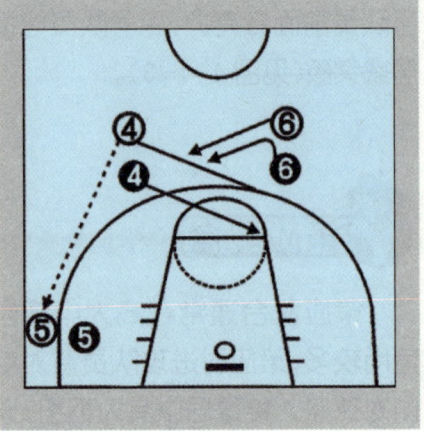

图 4-2-1

穿过配合

当进攻队员进行掩护时,防守掩护的队员要及时提醒队友并主动后撤一步,让队友及时从自己和掩护队员之间穿过,以便继续防住各自的目标。

如:⑤号队员传球给⑥号队员后去给④号队员做掩护,❻号队员及时提醒队友,❹号队员当⑤号队员掩护到位前的瞬间主动后撤一步,从⑤号队员和❻号队员中间穿过去,继续防守④号队员(见图 4-2-2)。

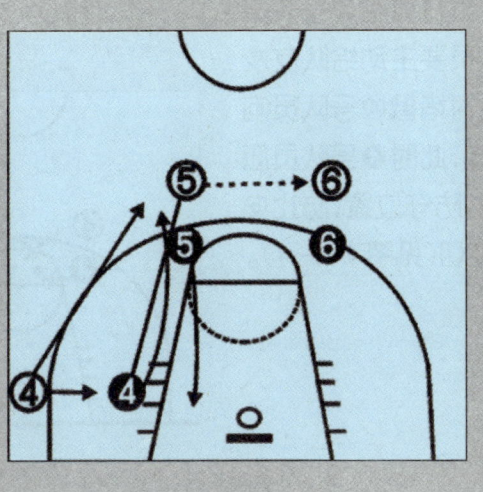

图 4-2-2

绕过配合是破坏对方掩护配合,及时防守对方的一种配合。当进攻队员进行掩护时,做防守掩护的队员主动贴近对方,让队友从自己的身旁绕过,继续防住各自的目标。

如:⑥号队员传球给⑤号队员并去给他做掩护,⑤号队员传球给④号队员后,利用⑥号队员的掩护向篮下切入,❺号队员从❻号队员和⑥号队员的身后绕过,继续防守⑤号队员(见图4-2-3)。

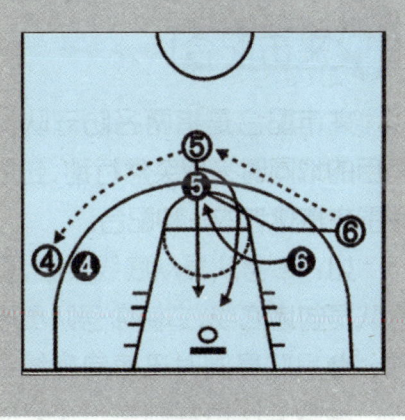

图 4-2-3

交换配合是指为了破坏进攻队员的掩护配合,防守队员之间及时地呼应,交换自己所防目标的一种配合。

如：⑤号队员打算给④号队员做掩护，❺号队员要主动给队友发出换人信号，及时堵截④号队员向篮下突破的路线，此时❹号队员应及时调整自己的防守位置，防止⑤号队员向篮下空切（见图4-2-4）。

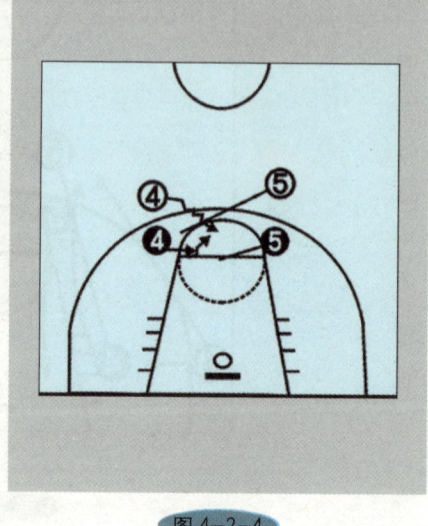

图4-2-4

夹击配合是指两名防守队员有目的地同时采取突然行动，封堵和围夹持球者的一种配合。

如：④号队员从底线突破，❹号队员封堵底线，迫使④号队员停球，❺号队员同时迅速向底线跑去，与❹号队员共同夹击④号队员，封堵其传球路线，迫使其违例或失误（见图4-2-5）。

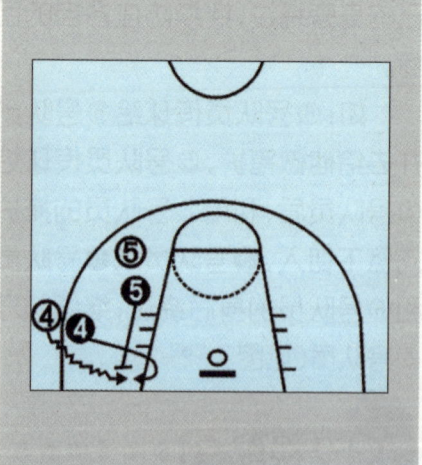

图4-2-5

 补防配合

补防配合是指防守队员在队友漏防时,立即放弃自己的目标,去补防进攻者,而漏人的防守队员应及时换防另一进攻者的一种协同防守配合。

如:⑤号队员传球给④号队员后,突然摆脱❺号队员的防守,直插篮下。此时,❻号队员放弃对⑥号队员的防守去补防⑤号队员,❺号队员去补防⑥号队员(见图4-2-6)。

图 4-2-6

 关门配合

关门配合是指两名防守队员靠拢,协同防守突破的配合。

如:当⑤号队员向右侧突破时,❹号队员和❺号队员进行"关门";当向左侧突破时,❻号队员和❺号队员进行"关门"(见图4-2-7)。

图 4-2-7

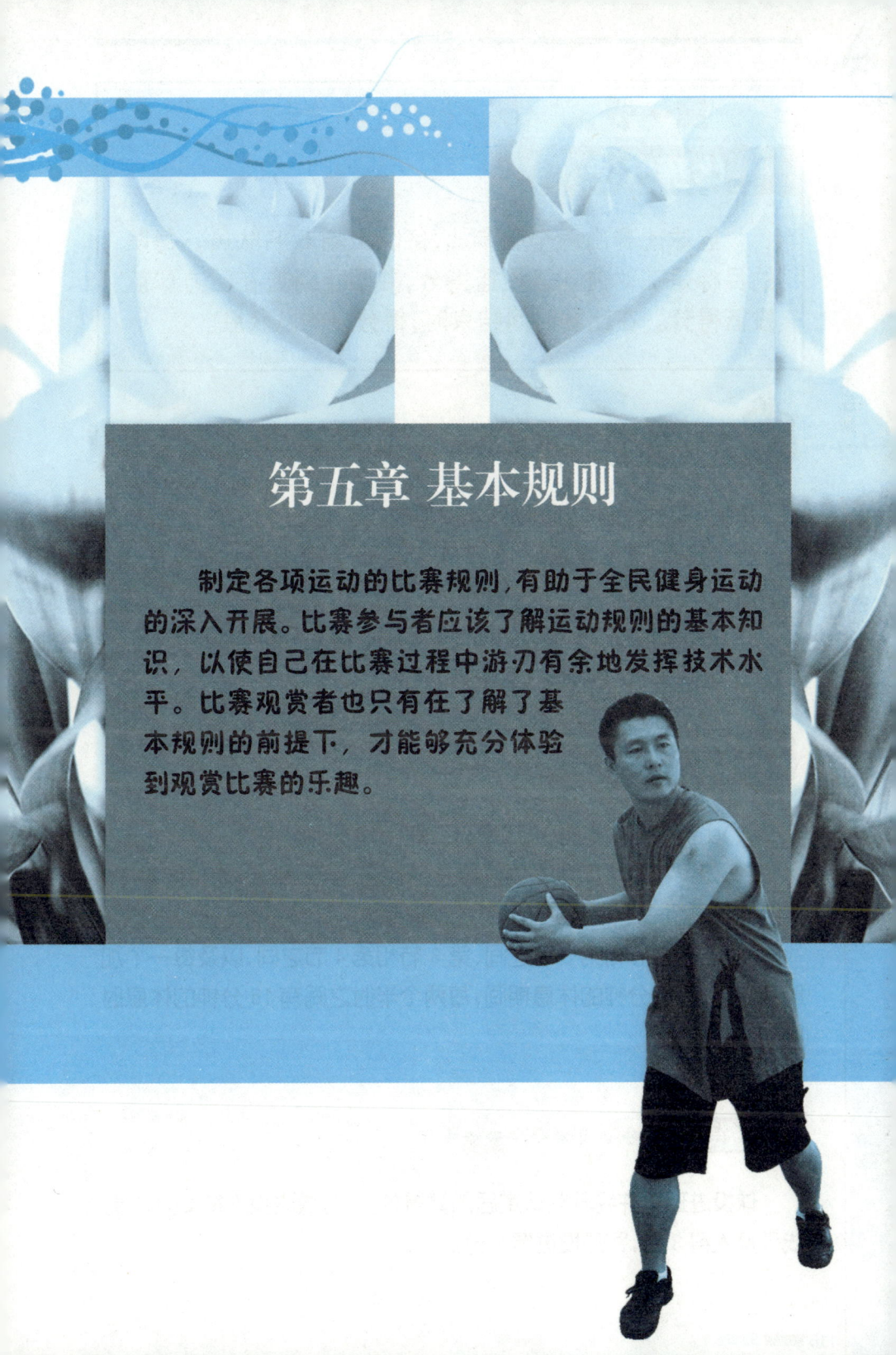

第五章 基本规则

制定各项运动的比赛规则,有助于全民健身运动的深入开展。比赛参与者应该了解运动规则的基本知识,以使自己在比赛过程中游刃有余地发挥技术水平。比赛观赏者也只有在了解了基本规则的前提下,才能够充分体验到观赏比赛的乐趣。

第一节 比赛方法

篮球比赛由两个队参加,每队出场5名队员。每队的目标是在对方球篮投篮得分,并阻止对方在己方球篮投篮得分。在比赛时间结束时,得分多的队获胜。

球队组成

球队由队员、教练员和随队人员组成。

(1)每队队员不得超过12名,包括队长1名,比赛时每队出场5名队员;

(2)每队有教练员1名,如果有需要则可有1名助理教练员;

(3)随队人员包括领队、医生等。

比赛时间

(1)比赛由两个半时(4节)组成,每节10分钟;

(2)如果在第4节比赛时间终止时比分相等,那么,为打破平局,需要继续进行一个或多个5分钟的加时节;

(3)在第1节和第2节之间、第3节和第4节之间,以及每一个加时节之前,有2分钟的休息期间;每两个半时之间有15分钟的休息时间。

得分

球投进球篮并经裁判认定后即算得分。3分线内投入得2分,3分线外投入得3分,罚球投进得1分。

比赛程序

比赛和节的开始与结束

全场比赛以中场跳球的方式开始,每节比赛在球触及场上队员时开始;当比赛计时钟响起时,全场或节比赛结束。

交换场地

在第2个半时开始时,球队应交换场地;在所有加时节中,球队保持与第4节相同的场地。

暂停

在第1个半时每队可准予2次暂停,在第2个半时每队可准予3次暂停,在每个加时节每队可准予1次暂停。未用过的暂停不得转入下一个半时或加时节。

换人

每次换人须在20秒内完成,换人次数不限。换人可在犯规、暂停等死球状态时进行。

第二节 裁判方法

在比赛过程中,裁判人员通过履行其职责,进行正确的裁判工作,来保证比赛的公平、公正。

裁判人员

裁判人员由裁判员和记录台人员组成。

(1)裁判员包括1名主裁判员和1名或2名副裁判员;

(2)记录台人员包括1名记录员、1名助理记录员、1名计时员和1名24秒钟计时员。

违例

违例时，将球判给对方队员在最靠近发生违例的地点掷球入界。常见的违例有球出界、运球违例、带球走、干扰球、球回后场、3秒违例、8秒违例、24秒违例、等。

球出界

当球触及下列物体时为球出界：
（1）在界外的队员和任何其他人；
（2）界线上、界线上方或界线外的地面或任何物体；
（3）篮板支撑架、篮板背面或比赛场地上方的任何物体。

运球违例

当持球队员将球拍在地面上并再次触及球时为运球开始，当其双手同时触及球或球在一手或双手中停留时为运球结束。队员第一次运球结束后不得再次运球，除非在两次运球之间失去了对球的控制，如投篮、被对方队员触及球等。

带球走

常见的带球走有两种情形：双脚站在地面上时及移动或运球时等情形。

双脚站在地面上时

双脚站在地面上时，在一脚抬起的瞬间，另一脚成为中枢脚，此时如果运球，则在球出手前，队员不得抬起中枢脚。如果传球或投篮，则队员可跳起中枢脚，但在球出手前任何一只脚不得落回地面。

移动或运球时

当移动或运球时，正触及地面的脚为中枢脚，此时如果运球，则在球出手前不得抬起中枢脚。当传球或投篮时,队员可跳起中枢脚,但是,在球出手前任何一只脚不得落回地面。

投篮后,当球向球篮下落时,双方队员都不得触球;当球在球篮里时,防守队员不得触球,否则判为干扰球。

如果球队已将球从后场移至前场,则该队队员不能再将球移回后场,否则判为球回后场。

当某队在前场控制球,计时钟正在运行时,该队队员在对方限制区内不得持续停留3秒钟,否则判为3秒违例。

当一名队员在后场获得球后,其球队必须在8秒钟内使球进入前场,否则判为8秒违例。

当一名队员在场上获得球后,其球队必须在24秒钟内投篮,否则判为24秒违例。

犯规是指与对方队员的非法身体接触和违反体育道德的举止。每名队员各有5次被允许犯规的机会,满5次应退场,且不能在同一场比赛中再次上场。

侵人犯规

侵人犯规是指与对方队员的接触犯规，包括下列行为：撞人、阻挡、背后非法防守、拉人、推人等。

撞人

撞人是指有球或无球的队员推进或移动到对方队员躯干上的非法身体接触。

阻挡

阻挡是指阻碍有球或无球对方队员进行的非法身体接触。

背后非法防守

背后非法防守是指防守队员从对方队员的背后与其发生身体接触。

拉人

拉人是指干扰对方队员移动自由的非法身体接触。

推人

推人是指队员用身体的任何部位强行移动或试图移动控制或未控制球的对方队员时发生的非法身体接触。

技术犯规

在比赛中，双方球队的队员要与裁判人员积极地合作。任何故意地或一再地不合作，或不遵守比赛规则精神的行为，应被判为一次技术犯规。

队员技术犯规

队员技术犯规是指所有不与对方队员接触的犯规，包括（但不限于）下列行为：

（1）不顾裁判员的警告；

（2）与裁判人员或对方队员交流时没有礼貌；

（3）使用很可能冒犯或煽动观众的语言和举止；

（4）戏弄对方队员或在其眼睛附近摇手妨碍其视觉；

(5)在球穿过球篮之后,阻止迅速掷球入界以延误比赛;

(6)倒下以伪造一次犯规;

(7)悬吊在篮圈上,致使队员的重量由篮圈支撑,除非此动作是为了防止自己或另一名队员受伤。

场外人员技术犯规

场外人员技术犯规是指,教练员、助理教练员、替补队员或随队人员在与裁判人员或对方队员交流中没有礼貌或触犯他们的犯规。另外,程序上的或管理性质上的违犯,也属于场外人员技术犯规。